Diogenes Taschenbuch 23642

Friedrich Nietzsche

Sein Leben erzählt von
Otto A. Böhmer

Diogenes

Die Erstausgabe erschien 2004
unter dem Titel: ›Warum ich ein Schicksal bin.
Das Leben des Friedrich Nietzsche‹
im Reclam Verlag, Leipzig
Umschlagillustration: Hans Olde,
›Friedrich Nietzsche‹, um 1899
(Ausschnitt)
Foto: Copyright © Archiv für Kunst
und Geschichte, Berlin

Für Christel und Mareike

Alle Rechte vorbehalten
Copyright © 2007
Diogenes Verlag AG Zürich
www.diogenes.ch
40/07/36/1
ISBN 978 3 257 23642 2

Das Produkt des Philosophen
ist sein Leben
(zuerst, vor seinen Werken).

Friedrich Nietzsche

Inhalt

Herzensfritz 9
Zu Höherem berufen 30
Auf dem Rücken eines Tigers 49
Der Wanderer 70
Müde, krank vom Licht 90
Für alle Fälle Fritz 110

Zeittafel 133
Personenregister 138

Herzensfritz

Nach einer weltweit erhobenen Umfrage gilt er – mit deutlichem Abstand vor den Herren Kant, Heidegger und Hegel – als Deutschlands bekanntester Denker: Friedrich Nietzsche. Er hat der Philosophie zu neuem, wenngleich merkwürdig schillerndem Glanz verholfen. Das lag vor allem daran, daß Nietzsche, letztendlich, mehr Dichter als Philosoph war: Er schrieb eine berückende Prosa, die fast alle Nuancen der Welt- und Ich-Erfahrung umfaßte. Zudem verstand er es meisterlich, sein Leben selbst in Philosophie umzusetzen: Ihm lauschte er seine Befindlichkeiten, Visionen, Ängste, auch seinen geheimen Zorn und Hochmut ab, und er braute daraus Einsichten zusammen, die ebenso treffend wie abwegig, ebenso großartig wie verstiegen anmuten. – Bis es dazu kam, brauchte es allerdings seine Zeit: Friedrich Nietzsches Werdegang nämlich beginnt im stillen: »Ich bin zu Rökken geboren, einem Dorf, das in der Nähe von Lützen liegt und sich an der Landstraße entlang hinzieht. Rings wird es von Weidengebüsch und vereinzelten Pappeln und Ulmen umschlossen, so daß aus der Ferne nur die ragenden Schornsteine und der altertümliche Kirchturm durch die grünen Wipfel hindurchschauen. Innerhalb des Dorfes breiten sich größere Teiche aus, nur durch schmale Landstrecken voneinander getrennt; ringsum frisches Grün und knorrige Weiden. Etwas höher liegt das Pfarrhaus und die Kirche...«

So hebt ein Lebenslauf an, den der gerade 17jährige Friedrich Nietzsche zu Papier bringt, der in der Familie Fritz oder, noch lieber, *Herzensfritz* genannt wird. Er ist ein Jüngling mit vielseitigen Interessen; von den Geistestaten, die er später ausheckt und die ihm seinen bis heute anhaltenden Ruhm eintragen, wagt er damals, im Jahre 1861, allenfalls zu träumen. Daß Großes aus ihnen wird: das malen sich junge Menschen ohnehin gerne aus; es ist ihr Recht, es gehört zu ihnen, zu ihrer Jugend, ihrer Ungeduld, Sehnsucht, ihrer Maßlosigkeit und hochgesteckten Erwartung. Nietzsche macht da keine Ausnahme, obwohl seine Träume das Areal des Vertrauten zunächst kaum übersteigen... Als Kind wird er umhegt und umsorgt; darin kann man sich einrichten: »Hier (in Röcken)« also »bin ich am 15. Oktober 1844 geboren und erhielt meinem Geburtstag angemessen den Namen

›Friedrich Wilhelm‹. Was ich über die ersten Jahre meines Lebens weiß, ist zu unbedeutend, um es zu erzählen. Verschiedne Eigenschaften entwickelten sich schon sehr frühe. So eine gewisse Ruhe und Schweigsamkeit, durch die ich mich von andern Kindern leicht fernhielt, dabei eine bisweilen ausbrechende Leidenschaftlichkeit. Von der Außenwelt unberührt, lebte ich in einem glücklichen Familienkreis; das Dorf und die nächste Umgebung war meine Welt, alles Fernerliegende ein mir unbekanntes Zauberreich.«

Nietzsche stammt aus einem protestantischen Elternhaus: Schon der Großvater Friedrich August Ludwig Nietzsche war Superintendent, der 1796, also in bewegten Zeiten, ein frommes Buch verfaßte, welches, so verhieß es sein Untertitel, »zur Belehrung und Beruhigung … der gegenwärtigen Gährung in der theologischen Welt« anhalten sollte – was allerdings nicht ganz gelang. Sein Sohn Carl Ludwig Nietzsche, der Vater des Philosophen, betätigte sich zunächst als Erzieher der Töchter des Herzogs von Altenburg, ehe ihm von Friedrich Wilhelm IV., dem er dafür ein Leben lang schwärmerisch verbunden blieb, die Pfarrstelle im preußisch-sächsischen Röcken bei Lützen übertragen wurde. Nietzsches Mutter Franziska paßte vorzüglich in dieses geistliche Umfeld: Sie war die jüngste

Tochter des Landpfarrers Oehler aus Pobles und brachte von Haus die fromme Gesinnung mit, die in der Familie Nietzsche, zu der noch Carl Ludwigs unverheiratete Schwestern Auguste und Rosalie gehörten, vorherrschend blieb. Als ihm sein Wunschkind, der lange erwartete Sohn, geboren wird, den er eigenhändig taufen darf, ist dies für Vater Nietzsche, der seine Nerven nicht immer so im Griff hat, wie man es von einem bodenständigen Gottesmann erwarten darf, fast schon zuviel des Guten: »[…] Das, was ich heute erlebe, ist doch das Größte, das Herrlichste, mein Kindlein soll ich taufen! Oh seliger Augenblick, oh köstliche Feier, oh unaussprechlich heiliges Werk, sei mir gesegnet im Namen des Herrn! – Mit tiefbewegtem Herzen spreche ich es aus: So bringt mir denn mein liebes Kind, daß ich es dem Herrn weihe. Mein Sohn, Friedrich Wilhelm, so sollst Du genennet werden auf Erden, zur Erinnerung an meinen königlichen Wohltäter, an dessen Geburtstag Du geboren wurdest.«

Nietzsches Vater, der musikalisches Talent besitzt, neigt zur Überspanntheit. Er steigert sich gern in Ideen hinein, die ihn vorübergehend besetzt halten, und er gerät dabei des öfteren in gefährliche Randzonen des Bewußtseins. Mag sein, daß Nietzsches Krankheit, von der noch zu reden sein wird, auch erblich bedingt ist; auf jeden Fall ist das Elternhaus, in dem es verschwörerisch-fromm und betulich zugeht, eine eigenartige Heimstatt für den kleinen Fritz gewesen. Zwei Geschwister werden ihm noch geboren: 1846 kommt die Schwester Elisabeth zur Welt, 1848 ein Bruder, der den Namen Joseph erhält und bereits zwei Jahre später wieder abberufen wird von der Welt: Er stirbt, nachdem zuvor bereits sein Vater, gerade mal 35jährig, gestorben ist. Carl Ludwig Nietzsche hat sich schwere Kopfverletzungen nach einem Treppensturz zugezogen, die auf heimtückische Weise nachwirken und irreparable Schäden hinterlassen. Um seinen Tod rankt sich alsbald eine Legende, die der erwachsene Nietzsche in der Folgezeit immer dann aufgreift, wenn er auf sein eigenes Schicksal zu sprechen kommt, in dem er, untergründig, ein ähnliches Verhängnis am Werk sieht wie im knapp bemessenen Leben seines Vaters. – Friedrich Nietzsche wächst nun in einem reinen Frauen-Haushalt auf – ein biographischer Tatbestand, der natürlich die Psychologen auf den Plan gerufen hat. Was sie herausfanden, bestätigt nur naheliegende Vermutungen; dem Gang des Lebens, um das es geht, läßt sich dadurch keine nachträgliche Richtungsänderung aufnötigen. – Im April 1850 wird der Röckener Hausstand aufgelöst, und Familie Nietzsche zieht um nach Naumburg an der Saale. Dort hat die Großmutter vor ihrer Ehe gelebt und dem Städtchen ein treues Andenken bewahrt. Dem kleinen Fritz fällt es nicht leicht, sich in der neuen Umgebung zurechtzufinden und zu behaupten. Als er mit acht Jahren auf das Naumburger Domgymnasium kommt, gilt er als Außenseiter; in seinem Lebenslauf heißt es dazu vorsichtig: »Die düsteren Lehrzimmer, die strengen und gelehrten Mienen meiner Lehrer, die vielen, so erwachsenen Mitschüler, die mit Geringschätzung auf mich herabsahen und im Gefühl eigner Würde die Neulinge kaum beachteten, alles dies machte mich ängstlich und scheu, und erst allmählich gewöhnte ich mich, meine Stellung mit mehr Zuversicht zu behaupten. Zu gleicher Zeit entwickelten sich auch verschiedne Lieblingsneigungen, von denen einige sich bis jetzt erhalten haben. Insbesondere war es die Neigung zur Musik, die im Laufe der Zeit nur zunahm und jetzt unerschütterlich fest in meiner Seele wurzelt.«

Der kleine Nietzsche läßt sich nur selten zu unbotmäßigen Spielen hinreißen. Er schlägt nicht über die Stränge, er ist altklug, er hat es schon damals gern, wenn man ihn respektvoll, ja ehrfürchtig behandelt. Zwei Jugendfreunde gewinnt er in Naumburg: Wilhelm Pinder und Gustav Krug. Ihre

Familien, beide musisch interessiert, gehören zum Freundeskreis von Großmutter Nietzsche. Vater Pinder liebt die Literatur, Geheimrat Krug, der sich rühmen kann, namhafte Musiker, allen voran Mendelssohn, persönlich zu kennen, spielt vorzüglich Klavier und komponiert seine eigene Hausmusik. Durch die Herren Pinder und Krug wird Nietzsche, der im Dreierbund mit den Söhnen Wilhelm und Gustav den Ton angibt, den schönen Künsten nähergebracht. Von den Zeitereignissen, zu denen, beispielsweise, die sogenannte 48er Revolution gehört, die zwar scheiterte, aber in deutschen Landen doch ein vergleichsweise langwieriger und schmerzhafter Prozeß war, scheint der junge Nietzsche kaum tiefere Notiz genommen zu haben. Er ist, da eifert er dem eminent königstreuen Vater nach, aristokratisch gesinnt – eine Geisteshaltung, die er später bis an die Schmerzgrenze kultiviert. Revolutionäre Bestrebungen, sofern sie auf mehr aus sind als auf radikale Umgestaltung der Denkungsart, bleiben ihm zuwider; die Französische Revolution bezeichnet er als »Posse«, ja als »pathetische und blutige Quacksalberei«. Es zeigt sich allerdings, daß er es versteht, mit Gewalt umzugehen: Dabei sieht er von ihren äußeren Ursachen ab und weist ihr statt dessen einen Platz im Weltinnenraum zu, im Geheimbezirk seines Denkens, wo sie sich einrichten kann und zum Dauergast wird. Als der kleine Fritz gerade mal zehn ist, bricht der Krimkrieg aus; ein Ereignis, das ihm, der sonst lieber erbauliche Studien betreibt, zum Anlaß wird, sich im Kriegsspiel zu üben: »Da wir bleierne Soldaten besaßen, ebenso Baukästen, so hörten wir nicht auf, uns die Belagerung und die Schlachten zu vergegenwärtigen ... So hatten wir ... ein Bassin gegraben nach einem Plan vom Hafen Sewastopols, die Festungswerke genau ausgeführt, und den gegrabenen Hafen mit Wasser gefüllt. Eine Menge Kugeln von Pech, Schwefel und Salpeter waren vorher geformt worden, und diese wurden, nachdem sie angebrannt waren, auf die papiernen Schiffe geworfen. Bald loderten helle Flammen, die unseren Eifer vermehrten, und wahrhaft schön war es, wenn, da unser Spiel sich bis spät abends hinzog, die feurigen Kugeln durch die Dunkelheit sausten. Zum Schluß wurde gewöhnlich die ganze Flotte, ebenso alle Bomben, verbrannt, wobei oft die Flamme zwei Fuß hochschlug ... «

Am 5. Oktober 1858 erhält Nietzsche eine Freistelle in der renommierten Landesschule Pforta, kurz Schulpforta genannt. Er muß eine Aufnahmeprüfung absolvieren, die schwerer ist als erwartet, und wird daraufhin in die Untertertia gesteckt, die er eigentlich schon am Naumburger Domgym-

16

nasium hinter sich gebracht hat. So erklärt es sich, daß er erst mit zwanzig, also recht spät, sein Abitur macht. Schulpforta ist ein traditionsreiches Internat: Dort unterrichten von jeher nicht die schlechtesten Pädagogen, man legt Wert auf Disziplin, Fleiß und Charakterstärke. Es geht streng zu in Schulpforta, aber es gibt keine unnötigen Schikanen. Im Mittelpunkt des Unterrichts steht das klassische Bildungs- und Persönlichkeitsideal. Der junge Nietzsche lernt eifrig; schon bald gehört er zu den Jahrgangsbesten. Neue Freundschaften schließt er nicht so schnell: Er hält sich weiterhin an Pinder und Krug, mit denen zusammen er die »Germania« gründet, einen künstlerisch-literarischen Verein, dessen Satzung unter anderem vorsieht, daß die Vereinsmitglieder einmal im Monat mit einer schriftlichen Arbeit vorstellig werden, die von den anderen dann unerbittlich zu kritisieren ist. Auch in der »Germania« ist Nietzsche der führende Kopf; mehrfach muß er die Vereinskameraden im strengen Ton mahnen, ihren Verpflichtungen nachzukommen. Ostern 1861 wird er konfirmiert. Inzwischen hat er doch einen neuen Freund gewonnen: Paul Deussen, aus kleinbürgerlichen Verhältnissen stammend, von Nietzsche zeitlebens gern unterschätzt – auch dann noch, als es der etwas schwerfällige Deussen, allen Prognosen zum Trotz, zum

Professor und anerkannten Philosophiehistoriker bringt. In seinen »Erinnerungen an Friedrich Nietzsche« schreibt Deussen über die Konfirmationszeremonie:

»Als die Konfirmanden paarweise zum Altar traten, um kniend die Weihe zu empfangen, da knieten Nietzsche und ich als nächste Freunde nebeneinander. Sehr wohl erinnere ich mich noch an die heilige, weltentrückte Stimmung, die uns während der Wochen vor und während der Konfirmation erfüllte. Wir wären ganz bereit gewesen, sogleich abzuscheiden, um bei Christo zu sein, und all unser Denken, Fühlen und Treiben war von einer überirdischen Heiterkeit überstrahlt.«

So mag es gewesen sein, auch wenn leise Zweifel angebracht sind: Nietzsches Verhältnis zum Christentum nämlich, das später in offene Feindschaft umschlägt, hat schon früh feine Risse erhalten, die sich nicht mehr schließen lassen. Gegen die Zweifel, die sich in ihm, zunächst noch sehr leise, zu Wort melden, geht er mit unerschrockenen Treuebekundungen an, die brav nach Hause gemeldet werden, wo die Frömmigkeit ja als Primärtugend gilt. Der junge Nietzsche lernt, wie wichtig es ist, im Prozeß der Selbstfindung auch auf das Unausgesprochene, auf das, was im verborgenen wächst, zu setzen. In Schulpforta werden ihm Ahnungen vermittelt, die ihre Zeit brauchen, um zur Gewißheit zu reifen. Daß er nicht allzuviel grübelt – dafür sorgt schon der umfangreiche Pflichtenkatalog, den er bedienen muß. Dazu gehört auch die Leibesertüchtigung, die nicht sein Ding ist; bei den Mitschülern sorgen seine diesbezüglichen Bemühungen weniger für überirdische denn für irdische Heiterkeit. Trotzdem steht er seinen Mann, geht gegen seine Ängste an: Er absolviert die sogenannte Schwimmprobe in der Saale, eine Art Langstreckenexkursion zu Wasser, an der nach Möglichkeit alle Schüler teilzunehmen haben. Sport ist im übrigen nicht das einzige Fach, das ihm mißfällt: Die Mathematik bleibt für ihn ein Buch mit sieben Siegeln, in Französisch ist er bestenfalls befriedigend, meist aber nur ausreichend, wie ihm überhaupt die neueren Sprachen nicht sonderlich liegen. Geographie und Geschichte langweilen ihn, was sich in seinen Leistungen niederschlägt. Zweifelsfrei gut ist Nietzsche nur in Latein und Griechisch und, mit Abstrichen, in Deutsch und in Religion. Seine privaten Studien gelten den Dichtern: Er liest (unter anderem) Sophokles, Aischylos, Platon und entdeckt, neben Jean Paul, vor allem Hölderlin für sich, der ihn womöglich auch deswegen anspricht, weil er in ihm bereits eine geheime Geistesverwandtschaft zu entdecken meint. Die

Studien werden in den Ferien vertieft: Nietzsche kehrt nach Naumburg zurück, wo man ihn zuvorkommend behandelt. In einem Brief an Freund Deussen beschreibt er, fast onkelhaft, den Ablauf eines Ferientages an der »Heimatfront«: »Früh, nicht allzufrüh, stehe ich auf und trinke den Kaffee. Nach demselben begebe ich mich in meine Stube, ein großer Tisch steht hier, ganz bedeckt mit den zum Teil aufgeschlagenen Büchern; ein gemütlicher Großvaterstuhl; ich selbst gekleidet mit einem schönen Schlafrock. Ich schreibe nun. Ungefähr um 1 esse ich mit Mutter und Schwester zu Tisch, trinke mein heißes Wasser, spiele ein Geringes Klavier und trinke Kaffee. Dann schreibe ich wieder. Um sechs wird mir der Tee und mein Abendbrot auf meine Stube gebracht; ich trinke und esse und schreibe…«

Den Tag beschließt der inzwischen schwimmprobengestählte junge Mann mit einem Bad in der Saale, und allein im Wasser treibend, ist ihm merkwürdig wohl: »Die Saale ist kühl, kalt, darum erquickend; der Fluß rauscht, alles ist still, der Nebel und ich ruhen auf dem Wasser. Der Wind bläst, wenn ich zurückgehe…«

Mit siebzehn Jahren macht Friedrich Nietzsche – allerdings nur für den, der zu lesen versteht – seine Zweifel am Christentum erstmalig öffentlich. Oder sagen wir besser: Er macht sie zugänglich, denn der Leserkreis ist ein sehr kleiner: es sind die Vereinskameraden von der »Germania«. Nietzsche hat ein Manuskript verfaßt, das den programmatischen Titel trägt: »Fatum und Schicksal«. Es ist, vergleicht man es mit seinen bisherigen literarischen Produktionen, erstaunlich gut geschrieben, und es wartet mit Überlegungen auf, die schon auf den späteren Philosophen verweisen. Der Mensch, so heißt es nun, ist für sein Schicksal selbst verantwortlich; das Christentum, befrachtet mit der Hypothek jahrhundertelang aufgehäufter Komplexe, die einem an sich Unbekannten, nämlich Gott, geschuldet sind, wirkt lähmend und macht freie Geister lethargisch. Die zentrale These der christlichen Botschaft, die da besagt, daß Gott sogar Mensch geworden sei, um den Menschen zu erlösen, zeigt letztlich nur, daß es nicht um Gott, sondern um den Menschen geht, der endlich lernen sollte, zu sich selbst zu stehen. Nietzsche fordert den Mut zur Wahrheit – was er, einem gängigen, heute hohl klingenden Muster damaligen Sprachgebrauchs folgend, mit »Männlichkeit« gleichsetzt: »Daß Gott Mensch geworden ist, weist nur darauf hin, daß der Mensch nicht im Unendlichen seine Seligkeit gründen soll, sondern auf der Erde seinen Himmel gründe; der Wahn einer überirdischen Welt hatte die Menschengeister in eine falsche Stellung zu der irdischen Welt gebracht. [...] Unter schweren Zweifeln und Kämpfen wird die Menschheit männlich; sie erkennt in sich ›den Anfang, die Mitte, das Ende der Religion‹.«

Als Konsequenz daraus ergibt sich die eigentliche Welt- und Spielmöglichkeit des Menschen; er muß, so als gäbe es letztlich nur ihn selbst, immer wieder neu anfangen:

»Sobald es aber möglich wäre, durch einen starken Willen die ganze Weltvergangenheit umzustürzen, sofort träten wir in die Reihe unabhängiger Götter, und Weltgeschichte hieße dann für uns nichts als ein träumerisches Selbstentrücktsein; der Vorhang fällt, und der Mensch findet sich wieder; wie ein Kind mit Welten spielend, wie ein Kind, das beim Morgenglühen aufwacht und sich lachend die furchtbaren Träume von der Stirn streicht.«

Im September 1864 endet die Schulzeit. Aus dem Schüler wird der Student Friedrich Nietzsche: Er schreibt sich an der Universität Bonn ein – mit dabei sind Freund Deussen und einige andere Bekannte aus Schulpforta. Obwohl er seine künstlerischen Ambitionen keineswegs ad acta gelegt hat, will er sich einem ordentlichen Studium widmen, und zwar der klassischen Philologie; eine andere Wahl habe er, so meint er rückblickend, zum damaligen Zeitpunkt auch gar nicht gehabt: »Ich verlangte nämlich nach einem Gegengewicht gegen die wechselvollen und unruhigen bisherigen Neigungen, nach einer Wissenschaft, die mit kühler Besonnenheit, mit logischer Kälte, mit gleichförmiger Arbeit gefördert werden könnte, ohne mit ihren Resultaten gleich ans Herz zu greifen. Das alles... glaubte ich damals in der Philologie zu finden. Die Vorbedingungen zu deren Studium werden einem Pförtner Schüler geradezu in die Hand gegeben...«

Nietzsche hört sich auch anderweitig um: Er belegt Vorlesungen in Kunst- und Kirchengeschichte, er interessiert sich, allerdings nur sporadisch, für Theologie und Politik, die er damals bereits unter dem übergeordneten Gesichtspunkt der Macht-Politik sieht. Schließlich soll auch die Geselligkeit nicht zu kurz kommen: Er wird, durchaus befremdlich für Mutter und Schwester, Mitglied der Burschenschaft »Franconia«. In einem Brief versucht er zu erklären, was ihn dazu veranlaßt hat: »Nun, ich sehe schon, wie Ihr auf höchst merkwürdige Weise den Kopf schüttelt und einen Ausruf der Verwunderung von Euch gebt. Es ist... viel Wunderbares mit diesem Schritt verbunden... Zum Beispiel traten fast zur gleichen Zeit sieben Pförtner der Franconia bei... Natürlich habe ich mir den Schritt reiflichst überlegt und ihn in Anbetracht meiner Natur fast für notwendig erachtet. Wir sind alle zum größten Teil Philologen, zugleich alle Musikliebhaber. Es herrscht im allgemeinen ein sehr interessanter Ton in der Franconia, die alten Leute haben mir prächtig gefallen ... «

Das hört sich, alles in allem, nicht sehr enthusiastisch an, und in der Tat bleibt Nietzsche nur etwa ein Jahr in der Verbindung. Zwar behagen ihm zunächst die Festivitäten, die veranstaltet werden, in deren Gefolge er auch die eine oder andere Dame kennenlernt – auf diesem Gebiet ist er ja bislang nicht sehr verwöhnt worden; auf Dauer jedoch gehen ihm der forcierte Frohsinn und die öffentlich vorgeführte Trinkfestigkeit, die den »Franconen« abverlangt werden, auf die Nerven. Die Zwiespältigkeit, die er empfindet, kommt auch in einem Meinungsbild zum Ausdruck, das er, mit Blick auf sich selber, entwirft: »Ich gelte hier ... etwas als musikalische Autorität und außerdem als sonderbarer Kauz ... Ich bin durchaus nicht unbeliebt, ob ich gleich etwas mokant bin und für satirisch gelte. Diese Selbstcharakteristik aus dem Urteile anderer Leute wird Euch nicht uninteressant sein. Als eigenes Urteil kann ich hinzufügen, daß ich das erste nicht gelten lasse, daß ich oft nicht glücklich bin, zu viele Launen habe und gern ein wenig Quälgeist bin, nicht nur für mich selbst, sondern auch für andere.«

In der Tat wird Nietzsche nicht recht glücklich in Bonn. Das gilt auch für sein Studium, in dem er auf der Stelle tritt. Er kommt nicht voran, findet er; er hat kein leuchtendes Ziel, auf das zuzuarbeiten sich lohnt. Verstärkt wird sein Unbehagen durch ein öffentlich ausgetragenes Zerwürfnis seiner beiden akademischen Lehrer, der Philologen Jahn und Ritschl. Die beiden Herren beharken sich in einer Weise, die längst nicht mehr feierlich ist und bereits die Klatschpresse mobilisiert. Schließlich nimmt Ritschl einen Ruf nach Leipzig an, und Nietzsche beschließt, ihm zu folgen. Ritschl ist der erste gewesen, der ihm deutliche Zeichen der Ermutigung gegeben hat. Er fühlt sich nun angespornt und glaubt, daß er in der Philologenzunft, die er insgeheim als angestaubten Kampfverband älterer Herren betrachtet, doch noch für Furore sorgen kann. Ab dem dritten Semester also studiert er in Leipzig, und dort erfährt er sogleich eine weitere Aufmunterung. Ritschl lobt eine seiner Arbeiten über den grünen Klee und empfiehlt, sie für die Veröffentlichung vorzubereiten. Sein Schüler ist überglücklich: »Nach dieser Szene ging mein Selbstgefühl mit mir in die Lüfte. Mittags machten wir Freunde zusammen einen Spaziergang nach Gohlis, es war schönes, sonniges Wetter, und mir schwebte mein Glück auf den Lippen. Endlich, im Gasthof, als wir Kaffee und Pfannkuchen vor uns hatten, hielt ich nicht mehr zurück und erzählte den neidlos staunenden Freunden, was mir widerfahren sei. Einige Zeit ging ich wie im Taumel umher; es ist die Zeit, wo ich zum Philologen geboren wurde, ich empfand den Stachel des Lobes, das für mich auf dieser Laufbahn zu pflücken sei ... «

Daß er »zum Philologen geboren wurde«, hat Nietzsche später ganz anders gesehen; er wird dann nicht mehr Philologe sein, sondern Philosoph, und zwar einer, »der mit dem Hammer philosophiert«. Einstweilen aber lockt die Karriere, und er ist bereit, einiges dafür zu tun. Als wohltuend erweist sich für ihn, daß er in Leipzig tatsächlich neue Freunde gewinnt. Da ist zunächst der ein Jahr jüngere Erwin Rohde, der aus dem Hamburger Großbürgertum stammt und Nietzsche an philologischem Spürsinn übertrifft. Da ist Carl von Gersdorff, ein begeisterungsfähiger junger Mann, der Nietzsche bewundert, aber nur selten kritisiert; da ist schließlich der Berliner Hermann Mushacke, der etwas Besonderes zu bieten hat: nämlich ein Klavier auf der Bude, das Nietzsche, der sein vom Vater bezogenes musikalisches Talent keineswegs gering schätzt, häufig traktiert. Es läßt sich also gut

an in Leipzig: Das Studium verheißt Erfolge, und
er hat Freunde an seiner Seite, denen er vertrauen
kann. Etwas Wichtigeres kommt noch hinzu:
Nietzsche entdeckt einen Philosophen für sich,
den er bislang allenfalls dem Namen nach kannte:
Arthur Schopenhauer. Der Frankfurter Philosoph,
der lange Zeit nur als grimmiger Außenseiter galt,
ist gerade mal fünf Jahre tot; sein Ruhm ist spät,
aber nicht zu spät über ihn gekommen. Nun preist
man seine stilistische Eleganz, seine unbestech-
liche, porentief pessimistische Weltsicht, seinen
boshaften Witz. Besonders die Schopenhauersche
Sprachmächtigkeit beeindruckt den Studenten
Fritz Nietzsche: Der Philosoph Schopenhauer ist
nämlich zugleich ein begnadeter Schriftsteller; von
beiden, dem Schriftsteller und dem Philosophen,
kann er nur lernen. Im Rückblick hat Nietzsche
seine Hinwendung zu Schopenhauer als Erweck-
kungserlebnis dargestellt, das Ähnlichkeit mit der
Bekehrung des Augustinus aufweist; eine Überein-
stimmung, die auf nachträglicher Stilisierung be-
ruht und somit nicht unbeabsichtigt ist, denn in
Leipzig beginnt er damit, sich an den Großen der
Weltliteratur zu orientieren – wobei sein Selbstwertgefühl immer mehr an Höhe gewinnt ... Der
erste der Großen, denen er zu Leibe rückt, ist
Schopenhauer: In einem Antiquariat fällt ihm des-

sen Hauptwerk »Die Welt als Wille und Vorstellung« in die Hand: »Ich weiß nicht, welcher Dämon mir zuflüsterte: ›Nimm dir dieses Buch mit nach Hause.‹ Es geschah jedenfalls wider meine sonstige Gewohnheit, Büchereinkäufe nicht zu beschleunigen. Zu Hause warf ich mich mit dem erworbenen Schatze in die Sofaecke und begann, jenen energischen düsteren Genius auf mich wirken zu lassen. Hier war jede Zeile, die Entsagung, Verneinung, Resignation schrie, hier sah ich einen Spiegel, in dem ich Welt, Leben und eigen Gemüt in entsetzlicherer Großartigkeit erblickte. Hier sah mich das volle interesselose Sonnenauge der Kunst an, hier sah ich Krankheit und Heilung, Verbannung und Zufluchtsort, Hölle und Himmel. Das Bedürfnis nach Selbsterkenntnis, ja Selbstzernagung packte mich gewaltsam … «

Schopenhauer bringt Nietzsche auf anhaltende Weise mit der Philosophie in Berührung. Diese Hinwendung wird nun, so kurios das klingen mag, sogleich in Musik umgesetzt, denn es ist ihm vergönnt, endlich auch persönlich jenen Mann kennenzulernen, dem schon länger die uneingeschränkte Bewunderung des Hobby-Musikers Nietzsche gilt: Richard Wagner, der auf dem Weg in den selbstgeschaffenen Olymp seines Ruhmes ist. Die Begegnung findet am 8. November 1868 im Hause von

Wagners Schwester statt... An Freund Rohde schreibt Nietzsche: »Vor und nach Tisch spielte Wagner alle wichtigen Stellen der Meistersinger, indem er alle Stimmen imitierte und dabei sehr ausgelassen war. Er ist nämlich ein fabelhaft lebhafter und feuriger Mann, der sehr schnell spricht, sehr witzig ist und eine Gesellschaft dieser privatesten Art ganz heiter macht. Inzwischen hatte ich ein längeres Gespräch mit ihm über Schopenhauer: ach, und Du begreifst es, welcher Genuß es für mich war, ihn mit ganz unbeschreiblicher Wärme von ihm reden zu hören, was er ihm verdanke, wie er der einzige Philosoph sei, der das Wesen der Musik erkannt habe!«

Schopenhauer und Wagner: Zwei Leitsterne sind da an Nietzsches Himmel aufgezogen, und er schaut dankbar zu ihnen auf. Es wird allerdings die Zeit kommen, da er seinen Himmel neu besetzt...

Zu Höherem berufen

Schopenhauer und Wagner sind Nietzsches neue Leitsterne: Sein Leben wird mit Musik und Weisheit bereichert, und er dankt es sich selbst mit vorzüglicher Stimmung. Er fühlt sich wohl in Leipzig, und gern nimmt er zur Kenntnis, daß man sein wissenschaftliches Talent schätzt, ja noch viel von ihm erwartet. Durch das Studium der Schopenhauerschen Philosophie, das er allerdings eher kursorisch denn systematisch betreibt, sieht er sich auf einen erhöhten Stand des Weltwissens befördert, das sich alsbald in der Praxis bewähren muß. Die Lage verändert sich nämlich zum Schlechteren: Zunächst wird Leipzig von der Cholera heimgesucht, was sich für den unbeteiligten Beobachter, der Nietzsche sein will, wie die öffentliche Vorführung der Schopenhauerschen Grundüberzeugung darstellt, daß das Leben letztlich nicht viel wert ist und sich unaufhaltsam auf Krankheit und Tod zubewegt. In der Theorie ist eine solche Überzeugung angenehmer, als wenn man sie leibhaftig durchleben muß, und Nietzsche weiß denn auch nicht so recht, was er von einer Wirklichkeit halten soll, die sich um theoretische Vorgaben weniger schert, als es die Theoretiker wahrhaben wollen. Richtig realistisch wird es für ihn im Herbst 1867: Er muß seinen Militärdienst ableisten. Nietzsche, der, wie wir gehört haben, den Begriff Männlichkeit für sich durchaus positiv besetzt hat, möchte kein einfacher Soldat sein, sondern mit erhöhtem militaristischem Aufwand zu Werke gehen. Sein Gesuch, bei den renommierten Berliner Garderegimentern aufgenommen zu werden, wird abschlägig beschieden, und so muß er mit einer Hausmacher-Lösung vorliebnehmen. Man steckt ihn zur Feldartillerie, die in Naumburg stationiert ist – so daß er zu Hause wohnen kann, was er selbst, mit Blick auf die Kameraden, als eher zweifelhaftes Privileg ansieht. Den militärischen Tagesdrill empfindet er als lästig; er leidet jedoch nicht mehr als unbedingt nötig und hält sich zur Gelassenheit an. Dabei hilft ihm Schopenhauer; an Freund Rohde schreibt er: »Meine Philosophie hat jetzt Gelegenheit, mir praktisch zu nützen. Ich habe in keinem Augenblick bis jetzt eine Erniedrigung verspürt, aber sehr oft wie über etwas Märchenhaftes gelächelt. Mitunter auch raune ich unter dem Bauch eines Pferdes versteckt: ›Schopenhauer hilf‹; und wenn ich erschöpft und mit Schweiß bedeckt nach Hause komme, so beruhigt mich ein Blick auf das Bild an meinem Schreibtisch, oder ich schlage« [Schopenhauers Buch] »die Parerga auf, die mir jetzt … sympathischer als je sind.«

Schopenhauer kann Nietzsche jedoch nicht helfen, als der vom Pferd stürzt. Der Reitunfall hat eine Verletzung im Brustbereich zur Folge, die nur mühsam heilen will und ständige Schmerzen verursacht. Nietzsche wird bis zum Ende seiner Dienstzeit krank geschrieben, worüber er nicht sonderlich glücklich ist. Insgesamt hätte er sich sein militärisches Intermezzo wesentlich eindrucksvoller vorgestellt; zuletzt erinnert nur noch ein von seinen späteren Biographen gern verwendetes Foto an seine Artilleristenzeit: Es zeigt einen jungen Mann in Uniform und mit gezogenem Säbel, der sich sichtlich Mühe gibt, einigermaßen wehrhaft dreinzuschauen. Im Herbst 1868 kehrt Nietzsche an die Universität nach Leipzig zurück. Er hat noch Schmerzen, ist aber guten Mutes und hofft, genau da weitermachen zu können, wo er vor Jahresfrist aufhörte: in der Spur des Erfolges. Tatsächlich ist ihm das Glück wieder gewogen, und es legt sogar noch einmal kräftig zu: Sein Mentor Ritschl schlägt ihn für eine außerordentliche Professur in Basel vor – ein Vorgang, den man getrost als kleine

Sensation werten darf, denn der Student Friedrich Nietzsche hat ja noch nicht einmal einen ordentlichen Studienabschluß abgelegt, geschweige denn, daß er promoviert oder gar habilitiert wäre. Was er vorweisen kann, sind einige Fleißarbeiten, in denen Ritschl jenen Genius zu erkennen meint, den er der Basler Berufungskommission gegenüber in den allerhöchsten Tönen preist. Der junge Nietzsche sei ein bemerkenswertes philologisches Talent, von dem die Wissenschaft noch viel erwarten dürfe. Und Ritschl fügt, sozusagen zwischen den Zeilen, hinzu, daß man auch und gerade in Wissenschaftskreisen ruhig einmal über seinen soliden schweren Schatten springen dürfe, wenn es gälte, sich für das Ungewöhnliche zu entscheiden, das möglicherweise erfolgversprechender sei als das von Grund auf Bewährte. Schließlich gehe es ja um eine *außerordentliche* Professur, und außerordentlich sei der junge Nietzsche in all seinen Anlagen. Hätte Ritschl in jenen Tagen einige private Briefe seines Schützlings lesen können, wäre sein Lob wohl nicht so überschwenglich ausgefallen, ja, er hätte womöglich von seiner Empfehlung Abstand genommen. Nietzsche ist nämlich inzwischen von Zweifeln befallen, die den Wert philologischer Arbeit betreffen; er spricht vom »Philologengezücht«, das sich »mit blinden Augen« und »vollen Backentaschen« in sei-

33

nem »Maulwurfstreiben« gefalle. Trotzdem fühlt er sich mehr als geehrt, daß ein solcher Ruf an ihn ergeht. Im Februar 1869 hat er es schwarz auf weiß, daß man ihn tatsächlich als außerordentlichen Professor haben will. Die Universität Leipzig tut ein übriges und promoviert ihn auf Grund seiner bisherigen Leistungen, ohne daß er sich noch dem üblichen Prüfungsverfahren unterziehen muß. Am 28. Mai 1869 hält der gerade mal 24jährige Friedrich Nietzsche seine Antrittsvorlesung an der Universität Basel. Er spricht über »Homer und die klassische Philologie«; sein Vortrag, den er vor einem zahlreich erschienenen Publikum präsentiert, ist ausgewogen und launig formuliert. Die Basler zeigen sich beeindruckt; ihre Universität, so scheint es, hat eine gute Wahl getroffen. Nietzsche ist entschlossen, die Chance, die sich ihm bietet, zu nutzen. Die Unfreundlichkeiten gegen die klassische Philologie vergißt er erst einmal; schließlich kommt es ja immer auf den an, der da Philologie betreibt, und er wird schon beweisen, daß man eine solch umständliche und staubtrockene Wissenschaft mit neuen Einfällen und Ideen würzen kann. Auch im gesellschaftlichen Leben mischt er mit; der Versuchung, sich ins stille Kämmerlein zurückzuziehen, gibt er nicht nach, sondern zeigt sich statt dessen als charmanter Plauderer und sogar als geübter Tänzer. Aus Naumburg wird ihm, auf daß er auch äußerlich eine ansehnliche Figur machen kann, ein Frack geschickt. Er nimmt Einladungen an, er sucht das Gespräch; seinen Unterrichtsverpflichtungen widmet er sich in aller Ernsthaftigkeit. All das hält jedoch nicht sehr lange an: Ohne daß er es wahrhaben will, bröckeln seine guten Vorsätze. Unzufriedenheit nistet sich ein; ihre Symptome kennt er schon von früher. Und wieder ist es die Philologie, die, in untergründiger Weise, hauptverantwortlich zeichnet für seine Stimmungslage: Im Innern ahnt er bereits, daß er damit nicht glücklich werden kann – was um so schwerer wiegt, als er der klassischen Philologie ja nun als Professor Gehör verschaffen soll. Am 15. Februar 1870 schreibt er an Rohde: »Die Philologenexistenz in irgendeiner kritischen Bestrebung, aber 1000 Meilen abseits vom Griechentum wird immer unmöglicher. Auch zweifele ich, ob ich noch je ein rechter Philologe werden könne; wenn ich es nicht nebenbei, so zufällig erreiche, dann geht es nicht. Das Malheur nämlich ist: ich habe kein Muster und bin in der Gefahr des Narren auf eigene Hand … Ich werde noch zur wandelnden Hoffnung: auch Richard Wagner hat mir in der rührendsten Weise zu verstehen gegeben, welche Bestimmung er mir vorgezeichnet sieht … Wissenschaft, Kunst und Philosophie wachsen jetzt so sehr in mir zusammen, daß ich jedenfalls einmal Zentauren gebären werde...«

Es ist dies der Tonfall, den Nietzsche in Zukunft öfter anschlagen wird. Einerseits genügt ihm das kleingeistige und kleinmütige Tagesgeschehen immer weniger; andererseits glaubt er zu spüren, daß er zu Höherem bestimmt ist: Nicht das emsige Scharren des Maulwurfs, den er für sich ja als eine Art Wappentier der Philologie eingesetzt hat, hat er vor Augen, wenn er an die Zukunft denkt, sondern den Steigflug des Adlers, der ruhig über den Gefilden von Mensch und Zeit schwebt und erst dann herabstößt, wenn er lohnende Beute erblickt. Zu diesen Planspielen paßt, daß nun wieder von einem Mann die Rede ist, der, neben dem Philosophen Schopenhauer, zu seinen Hausheiligen gehört: Richard Wagner, der inzwischen ganz in der Nähe wohnt – in Tribschen bei Luzern. Dort hat er mit seiner Geliebten Cosima von Bülow, Tochter Franz Liszts und Noch-Ehefrau des Dirigenten Hans von Bülow, der Wagner so heftig bewundert, daß er sich keine profanen Eifersüchteleien erlauben mag, ein repräsentatives Anwesen bezogen. Man wohnt in stilvollem Ambiente, obwohl Wagner die Gläubiger im Nacken sitzen und er mehr Schulden als musikalische Einfälle hat. Nietzsche gelingt es, an die flüchtige Leipziger Bekanntschaft anzuschließen; er kommt dem Komponisten so, wie der es gerne hat: als Begeisterter und als Lobredner des einen, unbezweifelbaren Genies. Auch Cosima von Bülow, zukünftige Frau Wagner, die selbst die größte Bewunderin ihres Gatten ist, auf den sie in wehrhafter Wachsamkeit nichts kommen läßt, findet Gefallen an dem jungen Mann, der sie nun immer öfter in Tribschen besucht: Nietzsche ist anstellig, er hat die rechte Gesinnung, und er ist selber ja nicht ganz ohne: Immerhin gilt er als akademisches Junggenie – ein solcher Mann kann bei der Verwirklichung ihrer Lebensaufgabe, ein funktionierendes Netzwerk von Bewunderern, Förderern und Mäzenen rund um Richard, ihren Herrn und Meister, aufzuziehen, durchaus von Nutzen sein. Nietzsche läßt sich denn auch gern für allerlei Liebes- und Freundschaftsdienste einspannen, und man dankt es ihm, indem er in der Hierarchie der beglaubigten Wagner-Freunde immer höher steigt, was seinem eigenen, von philologischer Stagnation lädierten Selbstwertgefühl wieder auf die Beine hilft. Zum Zeichen der Wertschätzung werden Nietzsche zwei Zimmer in der Wagnerschen Villa zur Verfügung gestellt; er gehört somit zur Familie und kann gehen und kommen, wann er will. Es ist, als ob ihm damit ein neues Zuhause eingeräumt würde – ein Heim, in dem nicht mehr die alte Naumburger Spießigkeit nistet, sondern das ungenierte Großmannstum. Oder sollte man sagen: die ungenierte Großspurigkeit? Nietzsche ist von seinem späteren Widerwillen gegen den Wagnerschen Theaterdonner noch weit entfernt; zunächst einmal läßt er sich derart beeindrucken, daß seine Begeisterung über Richard Wagner schier überfließen möchte. In einem Brief an Gersdorff heißt es: »Dazu habe ich einen Menschen gefunden, der wie kein anderer das Bild dessen, was Schopenhauer ›das Genie‹ nennt, mir offenbart und der ganz durchdrungen ist von jener wundersamen innigen Philosophie. Dies ist kein anderer als Richard Wagner, über den Du kein Urteil glauben darfst, das sich in der Presse, in den Schriften der Musikgelehrten usw. findet. Niemand kennt ihn und kann ihn beurteilen, weil alle Welt auf einem anderen Fundament steht und in seiner Atmosphäre nicht heimisch ist. In ihm herrscht so unbedingte Idealität, eine solche tiefe und rührende Menschlichkeit, ein solcher erhabener Lebensernst, daß ich mich in seiner Nähe wie in der Nähe des Göttlichen fühle. Wie manche Tage habe ich schon in dem reizenden Landgut am Vierwaldstätter See verlebt, und immer neu und immer unerschöpflich ist diese wunderbare Natur.«

Die glückliche Zeit mit Familie Wagner, zu der

schließlich auch fünf Kinder, vier Mädchen und ein Junge, gehören, von denen die beiden Erstgeborenen noch aus Cosimas Ehe mit Hans von Bülow stammen, währt bis zum April 1872 – dann verlegt Wagner seinen Wohnsitz nach Bayreuth. Nietzsche, der später wenig Gutes an dem Komponisten gelassen hat, ließ auf die Tribschener Tage nichts kommen: Sie wurden ihm zum festen, heiter beglänzten Erinnerungsbild, das er sich auch in verdüsterten Zeiten, die für ihn immer häufiger wurden, abrufen konnte. Zunächst aber ruft die staatsbürgerliche Pflicht: Im Spätsommer 1870 nimmt er als Krankenpfleger am Deutsch-Französischen Krieg teil. Er hat sich freiwillig gemeldet; daß er nicht als Soldat am vaterländischen Unternehmen mitwirken kann, ist den Schweizer Gesetzen zu danken: Nietzsche ist durch seine Berufung eidgenössischer Bürger geworden, und als solcher darf er keinen aktiven Dienst in der preußischen Armee verrichten, der er zunächst, seiner bisherigen wehrhaften Grundüberzeugung entsprechend, positiv gegenübersteht. Als er aber den Krieg aus der Nähe zu sehen bekommt, kühlt seine Begeisterung merklich ab; hinzu kommt, daß er auch als Krankenpfleger nicht ganz ungeschoren davonkommt. Er erkrankt an Ruhr und fühlt sich längere Zeit überaus elend. Nur langsam erholt er sich wieder. Nach Basel zurückgekehrt, weiß er Schweizer Ruhe und Unaufgeregtheit, die er zuvor gern verspottet hat, durchaus zu schätzen. Er taucht wieder ein in die gewohnte Routine, hält Vorlesungen und Seminare, setzt sich den gesellschaftlichen Kontakten aus, soweit er sie für unumgänglich hält. Aus dem fernen Greifswald erreicht ihn ein Ruf an die dortige Universität; er lehnt ab, worauf die Basler akademischen Behörden so gerührt sind, daß sie sein Jahresgehalt von 3000 auf 4000 Franken erhöhen. Es läuft wieder gut für den noch immer jungen Friedrich Nietzsche. Er kommt nun auch dazu, sich den Ideen zu widmen, die, als geheime Kommandosache, in ihm herangewachsen sind. 1872 erscheint seine erste große Schrift mit dem Titel »Die Geburt der Tragödie aus dem Geiste der Musik«. Sie verfolgt philologische Absichten, aber eigentlich ist sie ein philosophisches Werk, das sich um die enggezogenen Grenzen der verschiedenen Wissenschaftsbereiche nicht schert. Dementsprechend ist die Reaktion auf sein Buch: Die Kollegen verfallen in angestrengtes Schweigen, man tut so, als habe man es mit einer offensichtlichen Peinlichkeit zu tun, über die am besten kein Wort zuviel zu verlieren sei. Sein alter Förderer Ritschl spricht, hinter vorgehaltener Hand, von »geistvoller Schwiemelei«. Nietzsche hat sich, so scheint es, zu weit aus dem Fenster gelehnt. Was man ihm am meisten verübelt, ist, daß er die Wissenschaft, bezogen auf ihre Ertragsmöglichkeiten, ins zweite Glied hinter die Künste zurückstuft. Zudem entwickelt Nietzsche, ausgehend vom alten Griechenland, aber mit eindeutigem Bezug zur Gegenwart, eine Begriffskonstruktion, die nicht in die herrschende Fortschrittsideologie paßt: Dem maßvollen, wohlbedachten Schönen, das er als das »apollinische Prinzip« bezeichnet –, ihm haben bekanntlich die deutschen Geistesgrößen, allen voran Goethe, gern gehuldigt – stellt er das Rauschhafte, Wilde, Ungeordnete, das sogenannte »dionysische Prinzip«, entgegen. Das Dionysische erlaubt noch echte, der Naturgeschichte des Menschen verpflichtete Wahrheitsfindung, während das Apollinische, das bei den Griechen vor allem Sokrates auf den Weg gebracht hat, den Nietzsche überhaupt nicht mag, zu einer Verweichlichung des Denkens führt. Erst wenn der Mensch sich wieder »dionysisch« gibt, wenn er sich auf die erd- und triebhafte Seite seines Daseins besinnt, wird er wieder der, der er sein kann. Nietzsche schreibt: »Unter dem Zauber des Dionysischen schließt sich nicht nur der Bund zwischen Mensch und Mensch wieder zusammen: auch die entfremdete, feindliche oder unterjochte Natur feiert wieder ihr Versöhnungsfest mit ihrem verlorenen Sohne, dem Menschen... Jetzt ist der

Sklave freier Mann, jetzt zerbrechen alle die starren, feindseligen Abgrenzungen, die Not, Willkür oder ›freche Mode‹ zwischen den Menschen festgesetzt haben … Wie jetzt die Tiere reden und die Erde Milch und Honig gibt, so tönt auch aus ihm etwas Übernatürliches: als Gott fühlt er sich, er selbst wandelt jetzt so verzückt und erhoben, wie er die Götter im Traume wandeln sah. Der Mensch ist nicht mehr Künstler, er ist Kunstwerk geworden: die Kunstgewalt der ganzen Natur, zur höchsten Wonnebefriedigung des Ur-Einen, offenbart sich hier unter den Schauern des Rausches …«

Der Tonfall, den Nietzsche anschlägt, ist eigenartig hymnisch, wobei er gelegentlich ins Vollmundige abrutscht und einige verbale Schieflagen in Kauf nehmen muß – was ihn später dazu brachte, sein Frühwerk als »unmögliches« und »schlecht geschriebenes Buch« einzustufen. Auf jeden Fall war es keine wissenschaftliche Prosa, die er den Kollegen und der Fachwelt zumutete; die Reserviertheit, mit der man auf das Erscheinen seiner Schrift reagierte, war insofern nicht überraschend und eigentlich sogar verständlich. Nietzsche hatte sich, ohne Not, wie es schien, als Fahnenflüchtiger der Wissenschaft präsentiert und war aufs abschüssige Terrain von Dichtung und spekulativer Philosophie geraten. Statt in die Wissenschaft setzt er nun seine Hoffnungen in die Kunst, im besonderen in die Musik, die ja bereits sein philosophischer Souffleur Schopenhauer als die höchste und ausdrucksstärkste aller Künste gewertet hatte. Nietzsche setzt noch eins drauf: Die Musik – womit er in erster Linie die Wagnersche Musik meinte – kann dazu beitragen, das tragische Weltgeschehen, dem die von Sokrates angezettelten Vernünftigkeitsideologien jede Schärfe genommen haben, neu zu beleben und, ungerührt von moralischen Einreden, dahinströmen zu lassen. Aus Tribschen kommt denn auch die erste Beifallsbekundung zu Nietzsches Buch; Wagner, obgleich ihm die Zeit fehlt, das Werk ganz zu lesen, fühlt sich auf das angenehmste bestätigt, und Cosima läßt herzlich grüßen. Das aber war es dann schon mit dem Beifall. Zwar loben die Freunde, Rohde, Gersdorff und andere, pflichtschuldigst, aber das ist es nicht, was Nietzsche hören und lesen will. Er ahnt schon, daß sich da möglicherweise ein kolossaler Fehlschlag abzeichnet. Die Ahnung wird Gewißheit, als er wenig später eine vernichtende Rezension seines Buches lesen muß. Ihr Autor Ulrich von Wilamowitz-Moellendorff, später einer der bekanntesten deutschen Philologen, ist noch jünger als er, hat ebenfalls in Schulpforta die Schulbank gedrückt und gilt bereits als der neue Jungstar der klassischen Philologie. Er nennt »Die

Geburt der Tragödie« ein ärgerlich mißglücktes Buch, ja, er weist Nietzsche sogar auf dessen eigentlichem Fachgebiet, der Altertumswissenschaft, gravierende Fehler und frappierende Wissenslücken nach. Und wozu das Ganze? fragt der Rezensent und gibt sich gleich selbst die Antwort:

»[…] hier sah ich die entwicklung der jahrtausende geleugnet; hier löschte man die offenbarung der philosophie und religion aus, damit ein verwaschener pessimismus in der öde seine sauersüße fratze schneide; hier schlug man die götterbilder in trümmer, mit denen poesie und bildende kunst unseren himmel bevölkert, um das götzenbild Richard Wagner in ihrem staube anzubeten …«

Zwar eilen nach dieser Rezension noch einmal die Freunde zu Hilfe: Rohde verfaßt eine polemische Erwiderung auf Wilamowitz, und sogar Richard Wagner greift zur Feder: In der *Norddeutschen Allgemeinen Zeitung* veröffentlicht er einen »Offenen Brief«, in dem er Nietzsche verteidigt, was aber nicht recht gelingen will, denn Wagner, das weiß man, ist parteiisch und als Mann der Musik nicht kompetent genug, um seinem Bewunderer auf dem Gebiete der klassischen Philologie beizustehen. So bleibt die Kritik, die der junge Wilamowitz vorgegeben hat, bestehen; an ihr kann auch Rohde nicht rütteln, und am Ende einer Debatte, die eigentlich keine war, muß man feststellen, daß der Ruf des Professors Friedrich Nietzsche beträchtlich gelitten hat, ja womöglich schon ganz ruiniert ist. Nietzsche selbst trägt seine Niederlage mit vordergründiger Gelassenheit. Er konzentriert sich auf seine Arbeit, hält weiter seine Vorlesungen, bei denen ihm nun allerdings die Hörer ausbleiben. Er steuert dagegen: In einer Reihe von Vorträgen beschäftigt er sich mit der »Zukunft« der »Bildungsanstalten«, die er eher düster malt: Die Bildungsform der Zukunft sieht er im »Journalismus«, was keineswegs als Kompliment gemeint ist, sondern eine reale Gefährdung jener Bildung meint, die einst noch auf solidem Fundament stand. Die Tendenz, Wissens-Inhalte zu popularisieren und in verdaulichen Portiönchen unters Volk zu bringen, ist, wie wir wissen, längst Wirklichkeit geworden; Nietzsche schreibt: »In der Journalistik … fließen die beiden Richtungen zusammen: Erweiterung und Verminderung der Bildung reichen sich die Hand; das Journal tritt geradezu an die Stelle der Bildung, und wer, auch als Gelehrter, jetzt noch Bildungsansprüche macht, pflegt sich an jene klebrige Vermittlungsschicht anzulehnen, die zwischen allen Lebensformen, allen Ständen, allen Künsten, allen Wissenschaften die Fugen verkittet und die so fest und zuverlässig ist, wie eben Journalpapier zu sein pflegt … «

Nietzsche plädiert für eine Besinnung auf das, was er den »deutschen Geist« nennt, und er begibt sich damit, auch damals schon, auf dünnes Eis. Was immer er, der deutsche Geist, zu bieten hatte – er ist nie alleinseligmachend gewesen und hat statt dessen, milde gesprochen, einen Hang zur Rechthaberei und zur Unterdrückung offenbart, der schließlich in die finstersten Kapitel unserer jüngeren Geschichte mündete. Ohnehin sind Nietzsche als bildungspolitischem Sprecher des deutschen Geistes, auch dies wiederum milde gesprochen, einige unglückliche Formulierungen unterlaufen, die von nationalsozialistischen Bewußtseinsstrategen dann dankbar aufgegriffen werden konnten. Zur akademischen Freiheit etwa, die uns auch heute noch, mehr oder weniger, am Herzen liegt, fiel Nietzsche ein: »Alle Bildung fängt mit dem Gegenteile dessen an, was man jetzt als akademische Freiheit preist, mit dem Gehorsam, mit der Unterordnung, mit der Zucht, mit der Dienstbarkeit. Und wie die großen Führer der Geführten bedürfen, so bedürfen die zu Führenden der Führer: Hier herrscht in der Ordnung der Geister eine gegenseitige Prädisposition, ja eine Art von prästabilierter Harmonie ... «

Auch ein Philosoph, so läßt sich aus solchen eher zweifelhaften Einsichten folgern, ist von der Tagesform abhängig, und Nietzsches Tagesform ist in jener Zeit oft genug nicht die beste. Das hat zum einen mit der Niederlage zu tun, die er an der Veröffentlichungsfront erlitten hat und die, trotz seiner zur Schau gestellten Gelassenheit, noch in ihm weitergräbt. Zum anderen ist sie seinem Allgemeinbefinden geschuldet, das ihm jetzt immer mehr zu schaffen macht. Es läßt sich nicht mehr verheimlichen: Nietzsche ist ein kranker Mann. Die Symptome sind immer die gleichen: Erbrechen, Magenkrämpfe, rasende Kopfschmerzen, die ihn manchmal tagelang ans Bett fesseln, dazu eine konstitutionell bedingte Augenschwäche, die ihn extrem lichtempfindlich macht. Von ihr, seiner Krankheit, wird noch zu reden sein; jetzt stellt sie sich als Begleiterin ein, die dem angehenden Philosophen, spätestens ab dem Jahr 1873, nicht mehr von der Seite weicht. – Ein angehender Philosoph: das ist Nietzsche nun tatsächlich. Er hat, ohne sich selbst darüber Rechenschaft abzulegen, das Lager gewechselt, ist von den klassischen Philologen zu den Dichtern und Denkern übergegangen, die in ihrem Schreiben zugleich Auskunft über sich selbst und die Welt erteilen – ein Vorgang, der die Gefahr in sich birgt, daß man schließlich beides in eins setzt: die Welt und das werte Eigenbefinden. – Wir schreiben inzwischen das Jahr 1872. Die Wagners ziehen aus der Schweiz nach Bayreuth um – für Nietzsche ein schmerzlicher Akt, denn er sieht das Tribschener Idyll dahingehen, die Tage von Glück und Einverständigkeit. Seine Schwester Elisabeth kommt aus Naumburg und führt ihm den Basler Haushalt; eine beträchtliche Erleichterung, die er dankbar akzeptiert, auch wenn ihm Elisabeth, die er Lieschen oder manchmal auch »Lama« nennt, bereits nach wenigen Tagen auf die Nerven geht. Er fährt nach Bayreuth und ist dort bei der Grundsteinlegung des Festspielhauses zugegen. Den Plan, nach Italien, ins gelobte Land aller Künstler, zu reisen, gibt er abrupt auf, als er bereits in Bergamo ist: Dort erscheint ihm alles Italienische auf einmal laut und vulgär. Im November trifft er in Straßburg mit Richard und Cosima Wagner zusammen. Der Meister hat mehr Schulden denn je, aber den Kopf voller Pläne; für Nietzsches Probleme, sofern sie nicht mit seiner Musikmission zu tun haben, vermag er sich nicht sonderlich zu interessieren. Nietzsche weiß inzwischen, daß in seiner Beziehung zu Wagner das letzte Wort noch nicht gesprochen ist; er lobt den Meister, wo er kann, aber sein Lob fällt zwiespältig aus. Als Philosoph steckt er bis über den Kopf in einer Entwicklung, deren Resultate erst dann in eisiger Klarheit erscheinen werden, als sein Weg längst in unwirtlichem Gelände verläuft und an eine Umkehr nicht mehr zu denken ist ...

Auf dem Rücken eines Tigers

Friedrich Nietzsche hat, für sich selbst und in der Stille, als Philologe seinen Abschied genommen und betätigt sich nun als Philosoph. Von ihm, das macht er schnell klar, hat man keine Lobgesänge auf die bestehenden Verhältnisse zu erwarten, sondern scharfzüngige Zeitkritik. In seinen »Unzeitgemäßen Betrachtungen«, die zwischen 1873 und 1876 erscheinen, legt er, der vor kurzem noch den deutschen Geist gepriesen hat, sich mit dem herrschenden Bewußtsein in Deutschland an. Nach dem Sieg über den Erzfeind Frankreich hat es sich bis zur Unkenntlichkeit aufgeblasen; deutscher Geist ist nun blanke Überlegenheits-Ideologie, die als selbstverständlich gilt und nicht mehr hinterfragt werden darf. Nietzsche aber tut genau das: Er hinterfragt, und er stellt dabei fest, daß das, was einmal Kultur genannt werden durfte, im Hurra-Patriotismus des deutschen Reichs unterzugehen droht: »Die öffentliche Meinung in Deutschland scheint es fast zu verbieten, von den schlimmen und gefährlichen Folgen des Krieges, zumal eines siegreich beendeten Krieges, zu reden; um so williger werden aber diejenigen Schriftsteller angehört, welche keine wichtigere Meinung als jene öffentliche kennen und deshalb wetteifernd beflissen sind, den Krieg zu preisen und den mächtigen Phänomenen seiner Einwirkung auf Sittlichkeit, Kultur und Kunst jubilierend nachzugehen... Von allen schlimmen Folgen aber, die der letzte... Krieg mit sich führt, ist vielleicht die schlimmste ein weit verbreiteter, ja allgemeiner Irrtum: der Irrtum..., daß auch die deutsche Kultur in jenem Kampf gesiegt habe und deshalb jetzt mit Kränzen geschmückt werden müsse... Dieser Wahn ist höchst verderblich: nicht etwa weil er ein Wahn ist – denn es gibt die heilsamsten und segensreichsten Irrtümer – sondern weil er imstande ist, unseren Sieg in eine völlige Niederlage zu verwandeln: in die Niederlage... des deutschen Geistes zugunsten des ›deutschen Reiches‹.«

Im Jahre 1873 wird Nietzsche, der sich bereits einstimmt auf das spätere Reiseleben, das er zu führen hat, mit einer Gefahr konfrontiert, die kurios erscheint, für ihn aber ein ernstes Problem bedeutet: Eine Dame stellt ihm nach – leider keine reizvolle, geschweige denn eine schöne Dame, sondern eine Person, die er selbst wiederholt als »Scheusal«

50

tituliert. Rosalie Nielsen heißt sie, stammt aus Norddeutschland und hat sich von ihrem Mann, einem Marineoffizier, scheiden lassen. Seither ist sie viel unterwegs, hängt philosophischen und früh-emanzipatorischen Gedankengängen nach, was durch eine Vernachlässigung ihres äußeren Erscheinungsbildes erkauft wird. Rosalie Nielsen ist wohl von Haus aus ohnehin nicht sonderlich attraktiv gewesen; zu allem Überfluß aber läßt sie sich nun auch noch gehen, tritt in schmuddeligen Kleidern und mit strähnigen Haaren auf. Wie sie letztendlich an Nietzsche geraten ist, weiß man nicht so recht; auf jeden Fall heftet sie sich an seine Fersen und taucht, sehr zu seinem Mißvergnügen, gerade dort auf, wo er sich in Sicherheit wähnt. Ihre Beweggründe sind vermutlich eher platonischer Art gewesen; sie spricht viel von Dionysos und der Philosophie, die Nietzsche als neuzeitlicher Propagandist zu verbreiten habe. Dabei will sie helfen, will dies auch in einer Innigkeit tun, die Nietzsche allerdings mit Schrecken erfüllt. Schließlich muß er ihr, wie sein bester Basler Freund, der Theologe Franz Overbeck, später zu berichten weiß, in ungewöhnlicher Grobheit die Meinung gesagt haben. Endlich begreift Rosalie Nielsen, daß die Liebe, die sie meint, höchst einseitig ist. Aus Bad Ragaz, wo sie sich zur Kur aufhält, schreibt sie ihm daraufhin einen Abschiedsbrief; es ist, soweit wir wissen, der einzige Liebesbrief, den Nietzsche, der mit den Frauen wenig Glück hatte, in seinem Leben erhalten hat: »*Niemals* hat mich je ein Mensch auf Erden so *erkannt* und *verkannt* wie Sie. Selten oder nie mich jemand so *erfreut* und so *weh* getan. Sie haben das *erste* und *letzte* Band zerrissen, was mich an Deutschland band – ich werde gehen, dachte wohl, es solle so sein. *Innerlich* wird das, was ich dachte, wollte, nie zerreißen, aber die Ausführung ist *einfach* – unmöglich. – Der *schöne, versteinerte, zerrissene Dionysos,* den Sie mir gaben, wird mir überall folgen… – Leben Sie wohl, und mögen Ihre Augen bald geheilt werden. Hochachtungsvoll *Rosalie Nielsen.*«

Den frommen Wunsch, daß Nietzsches Augen geheilt werden mögen, spricht Rosalie Nielsen nur aus, weil der Philosoph sich weigerte, sie, die vom Geist her Liebende, mit dem passenden Blick zu bedenken; seinem tatsächlichen Augenleiden, das sich ohnehin nicht beheben läßt, gilt der Wunsch nicht. Auch andere Wünsche gehen nicht in Erfüllung: So hat Nietzsche insgeheim gehofft, der Sache Wagners, die nicht recht vorankommt, als Chefpropagandist weiterhelfen zu können. Er hegt diese Hoffnung nicht ganz uneigennützig, denn Wagners Ruhm ist immens, während seine, Nietzsches, Reputation als Schriftsteller und Professor gelitten hat. Er stellt sich also eine Art Ruhmausgleich zu seinen Gunsten vor: Wagner, der Meister, kann und soll etwas abgeben, Nietzsche seinerseits etwas hinzubekommen. Im Herbst 1873 erhält Nietzsche die Gelegenheit, tatsächlich etwas für Wagner zu tun. Das Bayreuther Festspielhaus-Komitee bittet ihn, einen Spendenaufruf zu verfassen; die Deutschen, bislang ärgerlich träge, was die finanziellen Gunstzuwendungen für den Meister betrifft, sollen Anteilscheine zeichnen. Nietzsche kommt der Bitte nach: Er entwirft ein Papier, dem er den drohenden Titel »Mahnruf an die Deutschen« verpaßt. Es ist in gereiztem, manchmal auch herablassendem Tonfall gehalten, der letztlich unterstellt, daß die Deutschen, ungeachtet aller Ordnungsrufe, die an sie ergehen, zu dumm sind, um sich wirklich von der Größe des Wagnerschen Gesamtkunstwerks überzeugen zu lassen. Wagner selbst lobt den Aufruf, er ist guter Stimmung und will sich nicht mit Kleinkram befassen. Die deutschen Wagner-Vereine allerdings, die Anfang November in Bayreuth tagen, weisen Nietzsches Pamphlet zurück und geben einen zweiten Entwurf bei einem anderen Autor in Auftrag. Nietzsche nimmt es gelassen – wird ihm doch immer klarer, daß er nicht dazu taugt, sich mit bedingungsloser Hingabe in den Dienst

Richard Wagners zu stellen. Die Distanzierung vom Meister vollzieht sich jedoch nicht abrupt, sondern verläuft eher unterschwellig. Einstweilen läßt Wagner, der sich in vielen Rollen, nicht zuletzt in der des väterlichen Freundes und wohlmeinenden Witzbolds, gefällt, noch einmal seinen Charme spielen. Cosima und er, schreibt er in einem Brief, machten sich Sorgen um Nietzsche. Das betreffe weniger seine literarischen Produktionen, sondern seinen persönlichen Umgang. Nietzsche sei zuviel und zu häufig unter Männern; Gersdorff, Rohde, Overbeck, dazu ein paar Basler Jünglinge: alles Männer, das könne auf Dauer nicht gutgehen und sei, mit Verlaub, auch nicht normal. Wagner fährt fort: »Seid ihr denn alle Hypochonder, dann ist's allerdings nicht viel wert... Ich meine, Sie müßten heiraten oder eine Oper komponieren; eines würde Ihnen so gut und schlimm wie das andere helfen. Das Heiraten halte ich aber für besser. – [...] Welcher Satan hat Sie nur zum Pädagogen gemacht!«

Nietzsche heiratet nicht, obwohl er Wagners Ratschlag keineswegs abwegig findet. Er hat ja selbst schon des öfteren daran gedacht, sich zu verehelichen, ist aber bislang, in puncto Eheanbahnung, nie über erotische Gedankenexperimente hinausgekommen. Später hat er dann tatsächlich den einen oder anderen Heiratsantrag ausgesprochen, aber auch dabei war ihm, wie wir noch hören werden, kein Glück beschieden. Er trug es mit Fassung, ja mit Erleichterung; bekanntlich erweist sich die Liebe erst dann als schwierig, wenn man sie wahrmachen soll. – Im Sommer 1875 unterzieht sich Nietzsche einer Kur in einem kleinen Schwarzwalddorf namens Steinabad. Hier geht es ihm erstaunlich gut: Die Diät, die ihm der behandelnde Arzt Dr. Wiel verordnet, schlägt an, auch wenn der Erfolg nicht lange anhält. Es ist vor allem ein ungewohntes seelisches Wohlbefinden, das über ihn kommt und ihn, für etwa drei Wochen, glücklich macht. Er schmiedet Pläne, unternimmt lange Spaziergänge; den Freunden, die in ihrer Abwesenheit noch wertvoller erscheinen, widmet er manch liebevollen Gedanken. An Rohde schreibt er: »Ich hatte ... gute Tage, frisches kühles Wetter, und zog in den Bergen und Wäldern umher, immer allein, aber ich kann gar nicht sagen, wie angenehm und freudig beseelt! Ich würde es gar nicht auszusprechen wagen, was für Hoffnungen und Wahrscheinlichkeiten und Pläne es sind, an deren genauester Vergegenwärtigung ich mich dabei letze! Dann war fast jeder Tag durch einen guten liebevollen Brief bezeichnet; immer denke ich mit Stolz und Rührung daran, daß ihr mir angehört, meine geliebten Freunde! [...] Und dann erscheint es mir bisweilen, als ob ich selbst etwas von einem Glückspilz wäre und den härtesten Angriffen der Leiden immer noch entgangen sei. Besonders an den Dummheiten und Bosheiten des Schicksals habe ich noch gar nicht recht laboriert und bin gar nicht würdig, mich unter der Schar der wirklich Unglücklichen sehen zu lassen ... «

Wohl wahr, muß man sagen ... Die härtesten Prüfungen stehen Nietzsche noch bevor, und er wird erkennen, daß er nicht dazu berufen ist, sich im gewöhnlichen Glück zu sonnen. Das Glück, das ihm widerfährt, hat mit Einsamkeit zu tun – mit einer Gewißheit des Denkens, das Grenzen erkundet und überschreitet. Im Sommer 1875 aber faßt Nietzsche erst einmal gute Vorsätze, die mehr brav als kühn anmuten; man könnte meinen, daß da ein Musterschüler, der zwischenzeitlich vom rechten Weg abgekommen war, maßvolle Besserung verspricht. An Gersdorff, den zweiten der guten Freunde, schreibt er:

»Wozu ist man nun noch aufgespart? Ich habe einen schönen Korb voll Arbeit für die nächsten sieben Jahre vor mir, und eigentlich wird mir jedesmal wohl zumute, wenn ich daran denke. Wir müssen unsere Jugend noch benützen und manches recht Gute noch lernen. Und allmählich wird's doch ein gemeinschaftliches Leben und Lernen ... Nun beginnt nach den Ferien meine Häuslichkeit und ein so vernünftig ausgedachtes Leben und Wirken, daß ich noch zu etwas kommen kann. Ich bin jetzt sehr hinterher, die argen Lücken unserer Erziehung ... an mir selber nachträglich auszustopfen; und jeder Tag hat sein kleines Pensum ... Wir müssen noch eine gute Strecke Weges steigen, langsam, aber immer weiter, um einen recht freien Ausblick über unsere Kultur zu haben; und durch mehrere mühsame Wissenschaften muß man noch hindurch, vor allem durch die eigentlich strengen. Aber dieses ruhige Vorrücken ist unsere Art von Glück, und viel mehr will ich nicht ... «

Aus dem Schwarzwald kehrt Nietzsche nach Basel zurück, Lieschen erwartet ihn, den Haushalt hat sie auf Vordermann gebracht, und ihr Bruder könnte nun darangehen, seine guten Vorsätze in die Tat umzusetzen. Aber die alten Symptome kehren wieder: seine Unzufriedenheit mit der Philologie, der er offiziell ja noch immer zu dienen hat; zudem macht sich, heftig wie eh und je und nur vorübergehend besänftigt im Schwarzwälder Kuraufenthalt, seine Krankheit bemerkbar, die Rätsel aufgibt, weil kein Krankenblatt existiert, aus dem erfolgreiche Behandlungsmethoden abzulesen wären. Nietzsche weiß, daß er mit dieser Krankheit leben muß, er sieht sie als sein persönliches Los an, das er zu tragen hat. Daraus läßt sich, wenn man die Kraft dafür aufbringen kann, eine gehörige Portion Heroismus gewinnen, die in das Lebenswerk paßt, das Nietzsche auszuarbeiten gedenkt. In einem Brief an Rohde heißt es: »Nun bin ich in der Mitte des Lebens so ›vom Tod umgeben‹, daß er mich stündlich fassen kann... Insofern fühle ich mich jetzt dem ältesten Manne gleich... Ein guter Tropfen Öl ist durch mich ausgegossen worden, das weiß ich, und man wird es mir nicht vergessen. Im Grunde habe ich die Probe zu meiner Betrachtung des Lebens schon gemacht... Mein Gemüt ist durch die anhaltenden und peinlichen Leiden bis diesen Augenblick noch nicht niedergedrückt... Wem habe ich diese stärkende und verbessernde Wirkung zuzumessen? Den Menschen nicht, denn, ganz wenige ausgenommen, haben sich in den letzten Jahren ›alle an mir geärgert‹ und sich auch nicht gescheut, es mich merken zu lassen...«

Nietzsches Krankengeschichte ist inzwischen wiederholt erzählt und nach-diagnostiziert worden, was aber nicht bedeutet, daß ihre Fragen endgültig beantwortet worden wären. Als gesichert gilt, daß ihre Wurzeln weit zurückreichen: Schon als 12jähriger Schüler wurde Nietzsche am Naumburger Domgymnasium des öfteren wegen heftiger Kopf- und Augenschmerzen beurlaubt. Diese Schmerzanfälle wiederholen sich in Schulpforta, in Bonn und in Leipzig. Insofern ist die häufig genannte These, daß Nietzsche sich seine Krankheit erst als junger Mann zugezogen habe – sei es durch die Spätfolgen einer syphilitischen Infektion, durch Medikamentenmißbrauch oder durch eine Art psychosomatischen Kollapses –, mit Vorsicht zu genießen. Von seiner Krankheit kommt er auf jeden Fall nicht mehr los; sie beeinflußt – auch das sollte man keineswegs gering schätzen – seine Weltsicht in außerordentlichem Maße. –

Im Sommer 1876 ist Nietzsche noch einmal in Bayreuth, aber der dortige Kunst- und Kulturrummel, in dessen Mittelpunkt ein putzmunterer Richard Wagner steht, geht ihm auf die Nerven. Hinzu kommt, daß er sich vom Meister, der ständig von Bewunderern umzingelt ist, nicht genügend beachtet fühlt. Er flieht ins Fichtelgebirge und beginnt dort, in wütender Verzweiflung, mit der Arbeit an einem seiner schönsten Bücher, »Menschliches, Allzumenschliches«. Zehn Tage später kehrt er nach Bayreuth zurück und ist bei der Aufführung des »Rheingold« mit dabei. Noch einmal erliegt er den verführerischen Klängen der Musik, und doch hat er bereits den Schlußstrich unter seine Beziehung zu Richard Wagner gezogen. Zumindest sieht er das aus der zeitlichen Distanz so: Zwölf

Jahre später schreibt er in seinem Rechenschaftsbericht »Nietzsche contra Wagner«:

»Schon im Sommer 1876, mitten in der Zeit der
ersten Festspiele, nahm ich bei mir von Wagner Abschied. Ich vertrage nichts Zweideutiges; seitdem
Wagner in Deutschland war, kondeszendierte er«
[ließ er sich] »Schritt für Schritt zu allem« [herab],
»was ich verachte – selbst zum Antisemitismus …
Es war in der Tat damals die höchste Zeit, Abschied
zu nehmen: alsbald schon bekam ich den Beweis
dafür. Richard Wagner, scheinbar der Siegreichste,
in Wahrheit ein morsch gewordener, verzweifelnder
décadent, sank plötzlich, hilflos und zerbrochen,
vor dem christlichen Kreuze nieder … «

Tatsächlich waren Wagner und Cosima auf ihre
alten Tage fromm geworden, ein Vorgang, der kurios anmuten konnte, von den Beteiligten allerdings
überaus ernst behandelt wurde. Nietzsche hatte sich
im gleichen Zeitraum immer mehr vom Christentum entfernt, das er schließlich wie eine Art Papp-
kamerad vor sich aufbaute und zum ständigen
Übungsbeschuß freigab. Im Spätherbst 1876 kam
es in Sorrent zu einer letzten Begegnung zwischen
Nietzsche und Wagner; sie erfolgte eher zufällig.
Wagner erzählte von seinem Vorhaben, den altehrwürdigen Parsifal-Stoff in großes Musiktheater umzusetzen. Im gleichen Maße, wie er sich in Begei-

sterung redete, verfiel Nietzsche in Schweigen und ging schließlich, so besagt es zumindest die historische Legende, wortlos in die Nacht hinaus. – In der Folgezeit setzt Nietzsche sein unruhiges Reiseleben fort, das immer mehr zu seiner eigentlichen Existenzform wird. Sie paßt zu seiner Philosophie, die sich nicht im philosophischen System bändigen läßt, sondern die Bewegtheit der kleinen, pointierten Form braucht. Der Wanderer wird ihm zum Sinnbild für das Dasein des Menschen auf Erden; auch davon soll noch die Rede sein. – Im Frühjahr 1876 will der Wanderer Nietzsche jedoch plötzlich seßhaft werden: Er erinnert sich an Wagners Empfehlung zu heiraten und läßt sich zu einer halb merkwürdigen, halb komischen Aktion hinreißen. Nietzsche ist zusammen mit Freund Gersdorff am Genfer See. Dort lernt er eine junge Holländerin, Mathilde Trampedach, kennen, die weder besonders hübsch noch besonders häßlich ist, aber wohl gut zuhören kann. Nietzsche unternimmt einen mehrstündigen Spaziergang mit ihr, er extemporiert über Literatur, Philosophie und die allgemeine Weltlage und fühlt sich bestens verstanden. Wenig später findet Fräulein Trampedach in ihrem Hotel einen Brief vor, der von Nietzsche ist. In ihm steht zu lesen: »Nehmen Sie allen Mut Ihres Herzens zusammen, um vor der Frage nicht zu erschrecken, die ich hiermit an Sie richte: Wollen Sie meine Frau werden? Ich liebe Sie, und mir ist es, als ob Sie schon zu mir gehörten. Kein Wort über das Plötzliche meiner Neigung! Wenigstens ist keine Schuld dabei, es braucht also auch nichts entschuldigt zu werden. Aber was ich wissen möchte ist, ob Sie ebenso empfinden wie ich – daß wir uns überhaupt nicht fremd gewesen sind, keinen Augenblick! Glauben Sie nicht auch daran, daß in einer Verbindung jeder von uns freier und besser werde, als er es vereinzelt werden könnte ... ? Wollen Sie es wagen, mit mir zusammen zu gehen, als mit einem, der recht herzlich nach Befreiung und Besserwerden strebt? Auf alle Pfade des Lebens und des Denkens? [...]«

Ein kurioser Heiratsantrag, fürwahr, im Tonfall eher barsch denn zärtlich, und man hört aus ihm vor allem eines heraus: die Sorge, die sich der Antragsteller um seine eigene Person macht. Ihr, der eigenen Person, möchte er eine Begleiterin zur Seite stellen, die bereit sein sollte, eine verhuschte Existenz zu seinen Gunsten zu führen. Es kann nicht verwundern, daß Fräulein Trampedach Nietzsches Heiratsansinnen abschlägig beschieden hat; sie tat es freundlich und einfühlsam, und er war es zufrieden. Ein Wort in Nietzsches Brief allerdings, dort noch in unverfänglichem Kontext niedergeschrieben, wird für ihn nun immer bedeutender: »Befreiung«. Um nichts weniger nämlich geht es ihm, um seine Befreiung: Er will sich losmachen von allem, was ihn gefangenhält: vom Basler Professoren-Joch, von den Lehr-Verpflichtungen und gesellschaftlichen Zwängen, vom gewöhnlichen, braven, ordnungsgemäßen Denken, von seiner Krankheit, die ihn mit quälenden Kopf- und Augenschmerzen und häufigem Erbrechen immer wieder auf den Boden der Tatsachen zurückholt. Am 2. Mai 1879 stellt er einen Antrag auf Entlassung aus dem Universitätsdienst, dem der Regierungspräsident von Basel stattgibt. Nietzsche wird eine Pension von 3000 Franken im Jahr zugesprochen. Er löst seinen Basler Haushalt auf. Lieschen, die Schwester, ist nach Naumburg zurückgekehrt, wo sie sich nun mehr um die Mutter kümmern muß. Nietzsche sucht nach einem Ort, an dem ihm seine Beschwerden erträglich vorkommen. Er entdeckt das Oberengadin, das in der Tat eine der schönsten und anmutigsten Gegenden der Welt ist. Er atmet auf. Aus St. Moritz schreibt er: »Zum ersten Male Gefühle der Erleichterung… Es tut gut. Hier will ich lange bleiben.«

Aber seine Krankheit läßt sich allenfalls ein wenig herabstimmen; hinwegkomplimentieren läßt sie sich nicht. So liegt er bald schon wieder darnieder; sein Kopf dröhnt, seine Augen schmerzen, sein Magen rebelliert. Und doch glaubt er zu wissen, daß er hier, im sonnenüberfluteten Oberengadin, mit seinen tiefen, klaren Seen und dem weit gespannten Himmel, bleiben kann: »Ich bin viel krank, habe vier Tage schon im Bett gelegen, und jeder Tag hat seine Elendsgeschichte und trotzdem! Ich halte besser aus als irgendwo. Mir ist, als hätte ich lange gesucht und endlich gefunden. An Besserung denke ich gar nicht mehr, geschweige denn an Genesung. Aber Aushalten-Können ist sehr viel.«

Ganz in der Nähe des eher mondänen St. Moritz liegt der kleine Ort Sils-Maria: Er wird zu Nietzsches Flucht- und Ruhepunkt, an dem er für einige Jahre regelmäßig den Sommer verbringt. Trotz oder gerade wegen seiner Krankheit, die ihn zu kompensierender Produktivität anhält, ist er ungemein fleißig. Das Reiseleben, das er zu führen hat, setzt ungeahnte Kräfte in ihm frei. 1878 erscheint der erste Teil seines Buches »Menschliches, Allzumenschliches«, dem Jahre später ein zweiter Teil folgt. Nietzsche schreibt nun für »freie Geister«; darauf weist bereits der Untertitel seines Werkes hin. Er selbst sieht sich, in aller Bescheidenheit, als der oberste der freien Geister: Hat er sich nicht freigekämpft, alle Verpflichtungen über Bord geworfen, und kämpft er nicht weiter, Tag für Tag, gegen

Krankheit und Dummheit, gegen Ignoranten und die Fallstricke des falschen Denkens? In »Menschliches, Allzumenschliches« zeigt Nietzsche, daß er zu Großem fähig ist. Das gilt weniger für seine Philosophie, die nicht verleugnen kann, daß sie sich aus diversen Fremdquellen speist, sondern für seine Sprache: Nietzsche, der sich selbst auch eine Karriere als Komponist zugetraut hätte, tritt als philosophierender Dichter auf, der eine ebenso anmutige wie ausgeklügelte Prosa präsentiert, die auf Wohlklänge setzt – auch dort, wo es um Abgründe und Abwegigkeiten geht. Nietzsches Erkenntnisse sind die eines Aufklärers, der sich auf einen Desillusionismus eingeschworen hat, den man wohl überbieten, nicht aber widerlegen kann. Der Mensch als anmaßendes Bewußtseinstier kommt insgesamt schlecht weg; seine Eitelkeiten werden durchschaut: »Hier ist die Täuschung, das Schmeicheln, Lügen und Trügen, das Hinter-dem-Rücken-Reden, das Repräsentieren, das im erborgten Glanze leben, das Maskiertsein, die verhüllende Konvention, das Bühnenspiel vor anderen und vor sich selbst, kurz das fortwährende Herumflattern um die *eine* Flamme Eitelkeit so sehr die Regel und das Gesetz, daß fast nichts unbegreiflicher ist, als wie unter den Menschen ein ehrlicher und reiner Trieb zur Wahrheit aufkommen konnte ... «

Dem »ehrlichen und reinen Trieb zur Wahrheit« folgen nur wenige – was gleichsam in der Natur der Sache liegt… In erster Linie ist es Nietzsche, der die Wahrheit will – er hat diesbezüglich nur noch wenige Zweifel an sich selbst. Woran er zweifelt, ist das Bewußtsein, das sich so viel auf sein angebliches Wissen einbildet, in Wirklichkeit jedoch vor dem Geheimnis, das den Grund seiner selbst ausmacht, kapitulieren muß. Nietzsche findet dafür einen einprägsamen Vergleich: »Was weiß der Mensch eigentlich von sich selbst! – Verschweigt die Natur ihm nicht das allermeiste, selbst über seinen Körper, um ihn, abseits von den Windungen der Gedärme, dem raschen Fluß der Blutströme, den verwickelten Fasererzitterungen, in ein stolzes, gauklerisches Bewußtsein zu bannen und einzuschließen! Sie warf den Schlüssel weg: und der verhängnisvollen Neugier, die durch eine Spalte einmal aus dem Bewußtseinszimmer heraus und hinab zu sehen vermöchte und die jetzt ahnte, daß auf dem Erbarmungslosen, dem Gierigen, dem Unersättlichen, dem Mörderischen der Mensch ruht, in der Gleichgültigkeit seines Nichtwissens, und gleichsam auf dem Rücken eines Tigers in Träumen hängend…«

Selbst die Kunst, der Nietzsche in der »Geburt der Tragödie« noch den Vorzug vor den Wissenschaften gab und alle Möglichkeiten der Welt- und Ich-Erlösung zusprach, wird nun deutlich zurückgestuft. Sie ist – mitsamt den Künstlern, die ihr zuarbeiten, wozu auch Meister Wagner gehört – Relikt einer Vergangenheit, von der man sich gefälligst zu verabschieden hat: »Den Künstler wird man bald als ein herrliches Überbleibsel ansehen und ihm, wie einem wunderbaren Fremden, an dessen Kraft und Schönheit das Glück früherer Zeiten hing, Ehren erweisen, wie wir sie nicht gleich unseresgleichen gönnen. Das Beste an uns ist vielleicht aus Empfindungen früherer Jahre vererbt, zu denen wir jetzt auf unmittelbarem Wege kaum mehr kommen können; die Sonne ist schon hintergegangen, aber der Himmel unseres Lebens glüht und leuchtet noch von ihr her, ob wir sie schon nicht mehr sehen ... «

Die Orientierungen verschwinden, die gewohnten Anhaltspunkte sind nicht mehr vorhanden: Damit muß man leben, und Nietzsche konstatiert es fast genüßlich. Er selbst, ein Kranker, der die Gesundheit als übergreifende Metapher für all das nimmt, was in seinem Denken an Schärfe und Eindringlichkeit gewinnt, ist dabei, sich in seinem selbstgeschaffenen Wahrheitsnest einzurichten. Seine unruhige Existenz, sein immer unnachgiebiger werdendes Selbstbewußtsein bringen es mit sich, daß die Freunde nicht unbedingt mehr werden. Als verläßliche Stützen bleiben Rohde, Gersdorff, in Maßen auch Deussen, dazu der Basler Theologieprofessor Overbeck, dem Nietzsche es als einzigem nachsieht, wenn er seinen geistigen Höhenflügen mit trockenen Einwänden aus dem Fundus des gesunden Menschenverstandes begegnet. Und auf eine mütterliche Freundin kann Nietzsche zählen: die Schriftstellerin Malwida von Meysenbug, die durch ein dickleibiges Werk, die dreibändigen »Memoiren einer Idealistin«, bekannt geworden war. Schließlich kommt noch ein hilfreicher Geist hinzu: Heinrich Köselitz, ein erfolgloser Komponist, der, auch als er den Künstlernamen Peter Gast annimmt, nicht erfolgreicher wird. Köselitz alias Gast hat zwei entscheidende Vorteile: Er bewundert Nietzsche, ohne sich störende Zweifel zu erlauben, und er hat eine gestochen scharfe Handschrift, die ihn zum idealen Protokollanten für die Arbeiten des philosophierenden Dichters macht. Nietzsche sieht sich gerüstet für die Zukunft: Er ist einsam und frei, und er hat ein paar Freunde, auf die er, wenn ihm danach sein sollte, zurückgreifen kann. Was er nicht mehr braucht, sind die Wortklaubereien der Wissenschaft und das Illusionszubehör der Vernünftigkeit; von ihnen hat er sich endgültig verabschiedet: Er beginnt nun mit einem Allmachtspiel, das Welteroberung und Selbstanzeige in einem bedeutet: »Jenes ungeheure Gebälk und Bretterwerk der Begriffe, an das sich klammernd der bedürftige Mensch sich durch das Leben rettet, ist dem freigewordenen Intellekt nur ein Gerüst und Spielzeug für seine verwegensten Kunststücke; und wenn er es zerschlägt, durcheinanderwirft, ironisch wieder zusammensetzt, das Fremdeste paarend und das Nächste trennend, so offenbart er, daß er jene Notbehelfe der Bedürftigkeit nicht braucht, und daß er jetzt nicht von Begriffen, sondern von Intuitionen geleitet wird.«

Der Wanderer

Im Frühjahr 1880 reist Nietzsche nach Venedig. Er wird von Peter Gast begleitet, der ihm bei seinen Arbeiten hilft und zur Entspannung aus Adalbert Stifters schönem Buch »Nachsommer« vorliest. Nietzsches eigener Nachsommer ist allerdings weniger schön: Zwar ist es heiß in Italien – zu heiß, wie er findet – und der Himmel meist blau und wolkenlos, aber seine Krankheit, die sich zuvor eine Zeitlang gnädig zurückgehalten hatte, meldet sich in alter Strenge: Er flieht, macht Station im Engadin und besucht Mutter und Schwester in Naumburg. Wenig später schon zieht es ihn wieder nach Süden: Er reist an den Lago Maggiore und beschließt, den Winter in Italien zu verbringen. Als Domizil wählt er Genua: Er findet eine preiswerte Dachstube, die ihm geradezu idyllisch vorkommt. Hier, glaubt er, kann er arbeiten und einsam sein, wie er es für richtig hält. Diese Erwartung erfüllt sich, erfährt allerdings, und zwar auf eher unerwartete Weise, eine empfindliche Störung: Der italieni-

sche Winter erweist sich nämlich als norddeutsch
kalt, und Nietzsches Zimmer hat leider keinen
Ofen. So friert er geradezu erbärmlich vor sich hin,
und seine Gedanken, ohnehin schon unterwegs in
eisige Höhen, werden noch mehr abgekühlt. Als
endlich der Frühling kommt, befindet sich Nietzsche in dem kleinen Kurbad Recoaro bei Vicenza.
Er freut sich an jedem wärmenden Sonnenstrahl.
Wieder stößt Peter Gast alias Heinrich Köselitz zu
ihm, der noch immer davon träumt, ein berühmter
Komponist zu werden. Nietzsche, der weiß, daß
Gast in etwa das sein kann, was Eckermann für
Goethe war, bestärkt ihn in seinen tollkühnen Er-
wartungen, die sich allerdings nicht einmal ansatz-
weise erfüllen. Im Sommer 1881 zieht es Nietzsche
wieder ins Oberengadin. Er findet eine preiswerte
Unterkunft in Sils-Maria – in einem engen, eher
dunklen, versetzt von der Hauptstraße gelegenen
Haus. Dieses Haus, das sogenannte Nietzsche-Haus,
gilt heute als Sehenswürdigkeit. Es ist eine Art
Nietzsche-Miniaturmuseum; im Dachgeschoß
stehen Zimmer zur Verfügung, in denen Künstler,
Wissenschaftler und Stipendiaten sich von der Karg-
heit der damaligen Wohnverhältnisse, die den Philosophen umgaben, anregen lassen können. Überhaupt ist Sils-Maria der Nietzsche-Ort schlechthin:
Hierher kommen die Anhänger des Philosophen –

sie kommen aus aller Welt, sie schauen und staunen, und sie empfangen, wenn das Wetter mitspielt, etwas von jenem grandiosen hellen, märchenhaft reinen Licht, das Nietzsche im Sommer 1881, als er seinen Liebesbund mit Sils-Maria schließt, nicht genug preisen kann: »In mancher Naturgegend entdecken wir uns selber wieder, mit angenehmem Grausen; es ist die schönste Doppelgängerei. Wie glücklich muß der sein können, welcher jene Empfindung gerade hier hat; in dieser beständigen sonnigen Oktoberluft, in diesem schalkhaft-glücklichen Spielen des Windzuges von früh bis Abend, in dieser reinsten Helle und mäßigsten Kühle, in dem gesamten anmutig-ernsten Hügel-, Seen- und Wald-Charakter dieser Hochebene, welche sich ohne Furcht neben die Schrecknisse des ewigen Schnees hingelagert hat – hier, wo Italien und Finnland zum Bunde zusammengekommen sind und die Heimat aller silbernen Farbentöne der Natur zu sein scheint; wie glücklich der, welcher sagen kann: Es gibt gewiß viel Größeres und Schöneres in der Natur, dies aber ist mir innig und vertraut, blutsverwandt, ja noch mehr … «

Sogar Nietzsches Gesundheit, die ja mehr Krankheit als Gesundheit ist, scheint sich diesem Hochgefühl anzupassen. Frohgemut meldet er am 8. Juli 1881 in einem Brief an Mutter und Schwester: »Nie gab es einen Menschen, auf den das Wort ›niedergedrückt‹ weniger gepaßt hätte ... Mein Aussehen ... ist vortrefflich, meine Muskulatur infolge meines beständigen Marschierens fast die eines Soldaten, Magen und Unterleib in Ordnung. Mein Nervensystem ist, in Anbetracht der ungeheuren Tätigkeit, die es zu leisten hat, prachtvoll ...«

Dieser Zustandsbericht für die Lieben daheim, die ihn schon immer gern mit gutgemeinten Ratschlägen traktiert haben, ist einigermaßen übertrieben: In Wirklichkeit geht es ihm auch in Sils-Maria nicht gerade prächtig. Die alten Krankheitssymptome, denen er bestimmte Wetterkonstellationen zuordnet, begleiten ihn mit treuer Anhänglichkeit; er braucht den von ihm gern und oft beschworenen »reinen Himmel«. Am 14. August 1881 schließlich wird Nietzsche von einem Ereignis überrascht, das sich, rückblickend, als eine Art Schlüsselerlebnis deuten läßt: Seine kreisenden Gedanken, seine Visionen und Planspiele werden in einem einzigen, hochkonzentrierten Moment zusammengefaßt, der ihn überfällt wie eine schmerzhaft-schöne Erleuchtung. Er befindet sich gerade auf einem Spaziergang: »Ich ging an jenem Tage am See von Silvaplana durch die Wälder; bei einem mächtigen, pyramidal aufgetürmten Block unweit Surlei machte ich Halt. Da kam mir dieser Gedanke ...«

Dieser Gedanke – das ist Nietzsches Idee der »ewigen Wiederkunft des Gleichen«. Sie wird zum Kerngedanken seines bekanntesten Werkes »Also sprach Zarathustra«, dessen erster Teil 1883 erschien. Die Vision, die ihn am See von Silvaplana überkam – der Felsblock, unter dem dies geschah, der sogenannte Nietzsche-Stein, steht übrigens immer noch am gleichen Ort und kann von den Touristen bestaunt werden –, ließ sich nicht mehr abschütteln... Am Abend des 14. August, als er wieder zur Ruhe gekommen ist, schreibt Nietzsche an Peter Gast: »Nun, mein lieber guter Freund! Die Augustsonne ist über uns, das Jahr läuft davon, es wird stiller und friedlicher auf Bergen und in den Wäldern. An meinem Horizonte sind Gedanken aufgestiegen, dergleichen ich noch nicht gesehn habe – davon will ich nichts verlauten lassen, und mich selber in einer unerschütterlichen Ruhe erhalten. Ich werde wohl einige Jahre noch leben müssen! Ach, Freund, mitunter läuft mir die Ahnung durch den Kopf, daß ich eigentlich ein höchst gefährliches Leben lebe, denn ich gehöre zu den Maschinen, welche zerspringen können! Die Intensitäten meines Gefühls machen mich schaudern und lachen – schon ein paarmal konnte ich das Zimmer nicht verlassen, aus dem lächerlichen Grunde, daß meine Augen entzündet waren – wodurch? Ich hatte jedesmal den Tag vorher auf meinen Wanderungen zuviel geweint, und zwar nicht sentimentale Tränen, sondern Tränen des Jauchzens; wobei ich sang und Unsinn redete, erfüllt von einem neuen Blick, den ich vor allen Menschen voraus habe.«

Immerhin kann Nietzsche den Optimismus seines ersten Sommers in Sils-Maria mit in die dunklere Jahreszeit hinüberretten. An Neujahr 1882 legt er erneut Zeugnis über seine guten Vorsätze ab; sie klingen harmlos, umschreiben jedoch eine Lebensaufgabe, an der einer wie er, ein Kranker, der bedingungslose Härte verlangt, notwendig scheitern muß: »Ich will immer mehr lernen, das Notwendige an den Dingen als das Schöne zu sehen – so werde ich einer von denen sein, welche die Dinge schön machen. Amor fati: das sei von nun an meine Liebe! Ich will keinen Krieg gegen das Häßliche führen. Ich will nicht anklagen, ich will nicht einmal die Ankläger anklagen. Wegsehen sei meine einzige Verneinung! Und, alles in allem und großen: ich will irgendwann einmal nur noch ein Jasagender sein!«

Im Frühjahr 1882 fährt Nietzsche von Genua nach Messina. Die Schiffsreise macht ihn in einer Weise seekrank, daß ihm selbst seine gewohnten Krankheitszustände noch gemäßigt vorkommen. Gleichwohl hält er durch, es gibt ja auch kein Entkommen von Bord, und als er Sizilien erreicht, ist er mit allem versöhnt. Helle und Licht erwarten ihn, der Himmel ist rein, wie er ihn haben will, und so kann es nicht verwundern, daß er glaubt, einen weiteren Ort auf Erden gefunden zu haben, an dem er es aushalten kann. Allerdings verträgt er den Wind nicht, der Schirokko umsaust seinen armen, geplagten Kopf, und er entschließt sich, zurückzureisen. Er hat eine Einladung nach Rom erhalten: Malwida von Meysenbug und Paul Rée erwarten ihn. Rée, etwas jünger als Nietzsche, ist derjenige seiner Freunde, dem er inzwischen die größte philosophische Kompetenz beimißt; er hat seinen eigenen Kopf und selbst bereits ein Buch veröffentlicht, dem die Kritik, was sich für Nietzsche wie ein karg bemessener Trost darstellt, ebenfalls mit Unverständnis begegnete. Rée ist so etwas wie ein Geistesverwandter, und er wird, als Nietzsche nach Rom kommt, zu einem Leidensgefährten. Neben der mütterlichen Malwida von Meysenbug nämlich taucht auf einmal ein weiteres weibliches Wesen auf: wesentlich jünger, auch hübscher, wenn es auch keine landläufige Schönheit ist, die da den Herren Nietzsche und Rée gegenübertritt. Lou Salomé heißt die junge Dame, stammt aus Rußland und interessiert sich für die Philosophie ebensosehr wie für das ganze Leben. Sie hat eine schnelle Auffassungsgabe, sie versteht sich darauf, genauer hinzuschauen und den Dingen auf den Grund zu gehen. Daß sie zudem literarisches Talent besitzt, zeigt sich erst später; dann nämlich wird Lou Andreas-Salomé, wie sie nun heißt, zu einer bekannten Schriftstellerin, die 1894 ein erstaunlich einfühlsames Buch über Nietzsche veröffentlicht. Zunächst einmal jedoch schreibt sie nicht über Nietzsche, sondern verdreht ihm, ohne es zu wollen, den Kopf. Das ist insofern ungünstig, als sich nämlich zuvor schon Rée in Lou verliebt hat. Die beiden Freunde, die auf ihre Freundschaft nichts kommen lassen wollen, sind bemüht, sich zur Gelassenheit anzuhalten. Nietzsche ist der Redseligere; er vertraut sich Rée an und bittet ihn sogar – welch seltsamer Einfall –, in seinem Namen um Lous Hand anzuhalten. Lou lehnt ab, aber die Situation, in die sich die Beteiligten hineinmanövriert haben, hat sich da bereits so kompliziert, daß keiner mehr ohne Beschädigung davonkommt. Daran nicht ganz unschuldig ist Lieschen Nietzsche: Sie, die sich nicht nur als die Schwester des Bruders, sondern, insgeheim, auch als seine einzige legitime Liebschaft begreift, hat von Anfang an kräftig gegen Lou intrigiert: Sie streut gehässige Gerüchte aus, kolportiert unschöne Bemerkungen, die Lou angeblich über den hilflos gutmütigen Fritz gemacht hat; schließlich wird seiner Liebe, die er an sich groß und rein halten will, der Boden entzogen, und es kommt zur Trennung, bei der Paul Rée, in dem er nun den Freundesverräter sieht, gleich mit dran glauben muß. Nietzsche ist tief verletzt, er schreibt einige bitterböse Briefe, und doch dämmert ihm damals bereits, daß er sich womöglich von einer Wahrheit gekränkt fühlt, die gar keine Wahrheit ist. Später jedenfalls hat ihm der traurige Ausgang dieser Liebes- und Freundes-Affäre leid getan; das Bildnis Lous, die ihm so viel bedeutete, kehrt zu ihm zurück und findet einen Platz in seinen besseren Erinnerungen. – Lou Andreas-Salomé hat sich, wie gesagt, ebenfalls an Nietzsche erinnert und ihm ein Buch gewidmet, das auch heute noch überaus lesenswert ist; es hat den Titel »Friedrich Nietzsche in seinen Werken« und enthält neben einer Vielzahl von klugen Interpretationen auch eine sehr anschauliche Beschreibung des Menschen Friedrich Nietzsche. In ihr heißt es: »Einsamkeit – das war der erste, starke Eindruck, durch den Nietzsches Erscheinung fesselte. Dem flüchtigen Beschauer bot sie nichts Auffallendes; der mittelgroße Mann in seiner überaus einfachen, aber auch überaus sorgfältigen Kleidung, mit den ruhigen Zügen und dem schlicht zurückgestrichenen braunen Haar konnte leicht übersehen werden. Die feinen, höchst aus-

drucksvollen Mundlinien wurden durch den vorn-
übergekämmten großen Schnurrbart fast völlig ver-
deckt; er hatte ein leises Lachen, eine geräuschlose
Art zu sprechen und einen vorsichtigen, nachdenklichen Gang, wobei er sich ein wenig in den Schultern beugte; man konnte sich schwer diese Gestalt
in einer Menschenmenge vorstellen, – sie trug das
Gepräge des Abseitsstehens, des Alleinstehens. Unvergleichlich schön und edel geformt, so daß sie
den Blick unwillkürlich auf sich zogen, waren an
Nietzsche die Hände, von denen er selbst glaubte,
daß sie seinen Geist verrieten… Wahrhaft verräte-
risch sprachen auch die Augen. Halbblind, besaßen
sie dennoch nichts vom Spähenden, Blinzelnden,
ungewollt Zudringlichen vieler Kurzsichtigen;
vielmehr sahen sie aus wie Hüter… eigener
Schätze, stummer Geheimnisse, die kein unberu-
fener Blick streifen sollte … Wenn er sich einmal
gab, wie er war, im Bann eines ihn erregenden
Gespräches zu zweien, dann konnte in seine Augen ein ergreifendes Leuchten kommen…; – wenn
er aber in finsterer Stimmung war, dann sprach
die Einsamkeit düster, beinahe drohend aus ihnen,
wie aus unheimlichen Tiefen. – Einen ähnlichen
Eindruck des Verborgenen und Verschwiegenen
machte auch Nietzsches Benehmen. Im gewöhnlichen Leben war er von großer Höflichkeit und ei-

ner fast weiblichen Milde, von einem stetigen, wohlwollenden Gleichmut – er hatte Freude an den vornehmen Formen im Umgang und hielt viel auf sie. Immer aber lag darin eine Freude an der Verkleidung, – Mantel und Maske für ein fast nie entblößtes Innenleben.«

Nach der Enttäuschung mit Lou möchte Nietzsche vor aller Welt fliehen. Die Menschen sind ihm verhaßt; in Gedanken straft er sie ab für das, was ihm widerfahren ist. Einmal mehr geht ihm seine Schwester auf die Nerven; längst ahnt er ja, daß sie eine Intrigantin mit begrenzter Auffassungsgabe und unbegrenztem Eigendünkel ist, die sich darauf versteht, die Dinge zu ihrem Vorteil zu wenden. Fritz kündigt ihr die Freundschaft auf, er will sie nicht mehr sehen. Aber Lieschen ist auf ihre Weise schlau; sie umkreist den Bruder mit allerlei Äußerungen der Unterwürfigkeit und der unbedingten Ehrerbietung, denen er, der in der Wirklichkeit nach wie vor nicht vom Erfolg verwöhnt ist, sich auf Dauer nicht entziehen kann – die Geschwister finden wieder zueinander. Den Winter 1882/83 verbringt Nietzsche in Rapallo. Dort ist er zunächst müde und lustlos; dann überkommt ihn jedoch ein Schaffensrausch: Er schreibt den ersten Teil des »Zarathustra« nieder, und er weiß, daß dies der große Wurf ist, den er als Schriftsteller und Wahrheitssucher so lange schon landen wollte. Seine vorangegangenen Bücher – neben »Menschliches, Allzumenschliches« waren noch die »Morgenröte« und die »Fröhliche Wissenschaft« erschienen – betrachtet er nun als vorweggenommene Kommentare zu ebendiesem Hauptwerk, das Dichtung und Philosophie in einem ist. Der Tonfall, den der »Zarathustra« anschlägt, mutet fast biblisch an: Geht es doch um die letzten Dinge, um Gott und die Welt, um Leben und Tod. Letzterer, der Tod, trifft Gott und die Menschen gleichermaßen: Es ist der alte Gott und der alte Mensch, die zugrunde gehen müssen, aber während der alte Gott keinen Nachfolger hat, macht für den alten Menschen der neue Mensch weiter, den Zarathustra alias Nietzsche den »Übermenschen« nennt. Ihn ruft er, mit emphatischen Worten, auf die Bühne der Welt:

»Ich lehre euch den Übermenschen. Der Mensch ist etwas, das überwunden werden soll. Was habt ihr getan, ihn zu überwinden? [...] Der Übermensch ist der Sinn der Erde. Euer Wille sage: der Übermensch sei der Sinn der Erde! Ich beschwöre euch, meine Brüder, bleibt der Erde treu und glaubt denen nicht, welche euch von überirdischen Hoffnungen reden!«

Es sind vier Begriffsformeln, auf die sich Nietzsches Philosophie, so wie sie im »Zarathustra«

entwickelt wird, bringen läßt: »Der Tod Gottes«,
»Der Übermensch«, »Die ewige Wiederkunft des
Gleichen« und »Der Wille zur Macht«. Letztere,
der Wille zur Macht, ist später dann tatsächlich zu
einem gefährlichen Kürzel für das angeblich so
wehrhafte Denken von Friedrich Nietzsche geworden. Die Nationalsozialisten nahmen sich dieses
Begriffs dankbar an, dessen Karriere allerdings vor
allem von Elisabeth Nietzsche befördert wurde,
die noch zu Lebzeiten ihres Bruders zu seiner Werk-
und Wesensverwalterin aufstieg und sich nicht zu
schade war, die Schriften Nietzsches neu zusam-
menzustellen, umzuschichten oder sogar zu ver-
fälschen. Aber das ist eine Geschichte für sich…
Kehren wir zum »Zarathustra« zurück, der Nietzsche, zumindest seiner eigenen Meinung nach, zu
einem der größten deutschen Autoren macht. An
Rohde schreibt er:

»[…] Ich bilde mir ein, mit diesem Z. [Zara-
thustra] die deutsche Sprache zur Vollendung gebracht zu haben. Es war, nach Luther und Goethe,
noch ein dritter Schritt zu tun; sieh zu, Alter Her-
zens-Kamerad, ob Kraft, Geschmeidigkeit und
Wohllaut je schon in unserer Sprache so beieinan-
der gewesen sind …«

Das sind starke Worte. Nietzsche ist inzwischen
an einem Punkt angelangt, an dem er sich und seine

Möglichkeiten nicht mehr recht einzuschätzen weiß; er sucht Zuflucht in einer Großspurigkeit, deren eigentliches Fundament die Verzweiflung ist, gegen die er anzugehen hat. Erste Wahn-Vorstellungen machen sich bemerkbar: Sie schicken, obwohl oder gerade weil sie noch unauffällig sind und auch als künstlerische Überspanntheit durchgehen können, heimtückische Quertreiber in seine Gedankenwelt. Den Freunden fällt seine zunehmende Reizbarkeit auf, die fast immer mit ungebremsten Anfällen von Selbstherrlichkeit einhergeht. Als Entschuldigung muß seine Krankheit herhalten, die ja eine nicht enden wollende Leidensgeschichte ist, gegen die Nietzsche nun so lange schon ankämpft. Daß dieser Kampf seine Spuren hinterläßt, ja daß er letzten Endes nicht gut ausgehen wird, zeichnet sich ab: Im Frühherbst 1887 besucht ihn Paul Deussen in Sils-Maria, einer seiner ältesten und ergebensten Freunde, den Nietzsche früher gerne gemaßregelt hat. Deussen erinnert sich: »An einem wunderschönen Herbstmorgen stieg ich mit meiner Frau, von Chiavenna kommend, über den Malojapaß, und bald lag Sils-Maria vor uns, wo ich mit klopfendem Herzen dem Freund entgegentrat und ihn nach vierzehnjähriger Trennung tief bewegt umarmte. Aber welche Veränderungen waren in dieser Zeit mit ihm vorgegangen! Das war nicht mehr die stolze Haltung, der elastische Gang, die fließende Rede von ehedem. Nur mühsam, und etwas nach der Seite hängend, schien er sich zu schleppen, und seine Rede wurde öfters schwerfällig und stockend. Vielleicht hatte er auch nicht seinen guten Tag. ›Lieber Freund‹, sagte er wehmütig, indem er auf einige vorüberziehende Wolken deutete, ›ich muß blauen Himmel über mir haben, wenn ich meine Gedanken sammeln soll‹ … «

Deussen bleibt über Nacht. Er wohnt mit seiner Frau im Silser Hotel »Alpenrose«, in dem Nietzsche auch sein einfaches Mittagsmahl einzunehmen pflegt. Die Gespräche der Freunde kreisen um eine Vergangenheit, die längst nicht mehr glorreich erscheint, zumal auch die Gegenwart trübe aussieht: Nietzsche ist ein schwerkranker Mann, der sein gefährliches Geheimwissen nicht preisgeben mag; es scheint, als ob er den ordentlichen Deussen, der es schließlich 1889 dank seines Fleißes auch zu einer ordentlichen Professur in Kiel bringt, bei diesem Wiedersehen nicht unnötig verwirren und belasten will. Deussen jedoch macht sich keine Illusionen: »Nachmittags brachen wir auf, und Nietzsche gab uns das Geleit bis zum nächsten Dorfe, eine Stunde talabwärts. Hier sprach er nochmals die düsteren Ahnungen aus, welche sich leider so bald erfüllen sollten. Als wir Abschied nahmen, standen ihm die Tränen in den Augen, was ich früher nie an ihm gesehen hatte … «

Der kranke Nietzsche hat mittlerweile einen Lebensrhythmus gefunden, mit dem er zurecht-kommt: Im Sommer zieht es ihn hinauf nach Sils, den Winter verbringt er zumeist in Nizza oder Tu-rin. Es sind dies Orte, die sich für ihn bewährt ha-ben; darüber hinaus möchte er keine Experimente mehr wagen. Die Abenteuer, die er sich noch zu-gesteht, trägt er als Philosoph und Schriftsteller aus, der keine Rücksichten mehr nehmen muß. In den Jahren 1886 bis 1889 erscheinen seine Bücher »Jen-seits von Gut und Böse«, »Genealogie der Moral«, »Der Fall Wagner«, »Götzendämmerung«, »Der Antichrist« und »Ecce Homo«, von denen das letzt-genannte eine Art intellektuelle Selbstbiographie darstellt, die gleichermaßen von anrührendem Größenwahn und raunender Hellsichtigkeit ge-kennzeichnet ist. Was Nietzsche diagnostiziert, ist der Zusammenbruch aller gewohnten Ordnungen: Nichts zählt mehr, alles geht: ein Gedanke, der fast zwangsläufig Furore machen mußte – läßt er doch jene Beliebigkeit anklingen, mit der speziell wir Heutigen eine Existenz führen, der die bleibenden Gewißheiten entzogen wurden, ohne daß es uns sonderlich zu beunruhigen scheint. Nietzsche hat diesen Zustand, den er als Nihilismus bezeichnet, allerdings nicht der Beliebigkeit anheimgestellt, sondern als Herausforderung begriffen. Wo die alten Werte zusammenbrechen, müssen neue Werte her; für sie ist dann nicht mehr der alte, sondern der so gern beschworene neue Mensch, der Übermensch zuständig: »Die extremste Form des Nihilismus wäre die Einsicht: Daß jeder Glaube, jedes Fürwahrhalten notwendig falsch ist: weil es eine wahre Welt gar nicht gibt. […] Denken wir diesen Gedanken in seiner furchtbarsten Form: das Dasein, so wie es ist, ohne Sinn und Ziel, aber unvermeidlich wiederkehrend, ohne ein Finale ins Nichts: ›die ewige Wiederkehr‹. […] Weil der Nihilismus die zu Ende gedachte Logik unserer großen Werte und Ideale ist, – weil wir den Nihilismus erst erleben müssen, um dahinter zu kommen, was eigentlich der Wert dieser ›Werte‹ war… Wir haben, irgendwann, neue Werte nötig…«

Wie diese neuen Werte aussehen sollen, vermag Nietzsche nur beschwörerisch anzudeuten: Sie ergeben sich aus der Aufkündigung der bestehenden Übereinkünfte und der radikalen Umwertung all dessen, was einmal als schön, wahr und gut gegolten hat. Dabei distanziert er sich geradezu angewidert vom Geschmack der breiten Masse, dem er das elitäre Bewußtsein der großen Einsamen und der machtbewußten Einzelgänger gegenüberstellt: »Die angenehmen Gefühle, die der Gute, Wohlwollende, Gerechte uns einflößt (im Gegensatz zu der Spannung, Furcht, welche der große, neue Mensch hervorbringt) sind unsere persönlichen Sicherheits-, Gleichheits-Gefühle; das Herdentier verherrlicht dabei die Herdennatur und empfindet sich selber dann wohl. Dies Urteil des Wohlbehagens maskiert sich mit schönen Worten – so entsteht ›Moral‹ ... «

Wohlbehagen aber hat Nietzsche nur selten empfunden; statt dessen ist er mit einer Krankheit gestraft worden, der er so lange schon auf heroische Weise zu trotzen vermag. So verwundert es nicht, daß seine persönliche Umwertung aller Werte gerade von diesem, an der eigenen Leidensfähigkeit geschulten Geist lebt: »Solchen Menschen, welche mich etwas angehn, wünsche ich Leiden, Verlassenheit, Krankheit, Mißhandlung, Entwürdigung, – ich wünsche, daß ihnen die tiefe Selbstverachtung, die Marter des Mißtrauens gegen sich, das Elend des Überwundenen nicht unbekannt bleibt: ich habe kein Mitleid mit ihnen, weil ich ihnen das einzige wünsche, was heute beweisen kann, ob einer Wert hat oder nicht, – daß er standhält ... «

Nietzsche hat standgehalten – bis jetzt, aber es fällt ihm immer schwerer. Sein Geist, dieses bislang so wache, zugriffs- und angriffsfreudige, fein abgestimmte Instrument, gerät immer mehr in Verdunkelungsgefahr – ein Vorgang, der ihm, jenseits aller großspurigen Verlautbarungen, keineswegs verborgen bleibt. Die Ahnungen, von denen Deussen sprach, sieht er bereits als erfüllt an, und wenn er es recht besieht, ist er der Erfüllungsgehilfe seines eigenen Untergangs. Im Untergang allerdings, das hat er sich als unerschütterliche Gewißheit aufgebaut, wird er kein Gehilfe mehr sein, sondern ein Meister, an dem die nach ihm Kommenden ihr neues, von Grund auf verändertes Sinn- und Wahrheitsgefüge ausrichten. Das alles ist als Vision tröstlich und aufbauend; als Entschädigung für die Torturen, die er durchzustehen hat, taugt es auf Dauer nicht. Und so gönnt Nietzsche sich – in den wenigen ruhigen, von Schmerzen weitgehend freien Momenten, die ihm noch bleiben – einen wiederkehrenden Tagtraum; in ihm kehrt er heim in das befriedete Areal seiner Weisheit, die ihren Schrecken verloren hat – ein Wanderer, der endlich angekommen ist und doch, neugierig und stark wie in der ewigen Jugend, jederzeit wieder zu neuen Ufern aufbrechen kann: »Wer nur einigermaßen zur Freiheit der Vernunft gekommen ist, kann sich auf Erden nicht anders fühlen denn als Wanderer, – wenn auch nicht als Reisender nach einem letzten Ziele: denn dieses gibt es nicht. Wohl aber will er zusehen und die Augen dafür offen haben, was alles in der Welt eigentlich vorgeht; deshalb darf er sein Herz nicht allzufest an alles einzelne anhängen; es muß in ihm selber etwas Wanderndes sein, das seine Freude an dem Wechsel und der Vergänglichkeit habe. Freilich werden einem solchen Menschen böse Nächte kommen, wo er müde ist und das Tor der Stadt, welche ihm Rast bieten sollte, verschlossen findet … So mag es wohl einmal dem Wanderer ergehen; aber dann kommen, als Entgelt, die wonnevollen Morgen anderer Gegenden und Tage, wo er schon im Grauen des Lichtes die Musenschwärme im Nebel des Gebirges nahe an sich vorübertanzen sieht, wo ihm nachher, wenn er still, in dem Gleichmaß der Vormittagsseele, unter Bäumen sich ergeht, aus deren Wipfeln und Laubverstecken heraus lauter gute und helle Dinge zugeworfen werden, die Geschenke aller jener freien Geister, die in Berg, Wald und Einsamkeit zu Hause sind und welche, gleich ihm, in ihrer bald fröhlichen, bald nachdenklichen Weise, Wanderer und Philosophen sind. Geboren aus den Geheimnissen der Frühe, sinnen sie darüber nach, wie der Tag zwischen dem zehnten und zwölften Glockenschlage ein so reines, durchleuchtetes, verklärtheiteres Gesicht haben könne …«

Müde, krank vom Licht

Nietzsches Zusammenbruch vollzieht sich nicht ohne Vorwarnungen: Wer genauer hinsah, wer vor allem in seinen Briefen und Schriften zu lesen verstand, mußte längst die schlimmsten Befürchtungen hegen. Sein Rechenschaftsbericht »Ecce Homo«, eine Selbstbiographie, die in jeder Zeile Höhenluft atmet und dabei abzustürzen droht, hat seinen Größenwahn, der sein letzter Schutz vor einer Welt ist, die ihn nicht verstehen will, öffentlich gemacht. Friedrich Nietzsche, im Privatleben ein freundlicher und bescheidener Mensch, äußert sich zuletzt nur noch von oben herab; die Wahrheit, die er verkündet, ist die eines mitleidlosen Narren – er hat, so glaubt er, den Vernichtungsfeldzug gegen das Kleingeistige abgeschlossen und wartet nun auf die Resultate der von ihm ausgerufenen »großen Politik«: »Ich kenne mein Los. Es wird sich einmal an meinen Namen die Erinnerung an etwas Ungeheures anknüpfen, – an eine Krisis, wie es keine auf Erden gab, an die tiefste Gewissens-Collision, an eine Entscheidung, heraufbeschworen gegen Alles, was bis dahin geglaubt, gefordert, geheiligt worden war. Ich bin kein Mensch, ich bin Dynamit. – Und mit Alledem ist Nichts in mir von einem Religionsstifter – Religionen sind Pöbel-Affairen, ich habe nötig, mir die Hände nach der Berührung mit religiösen Menschen zu waschen … Ich will keine Gläubigen, ich denke, ich bin zu boshaft dazu, um an mich selbst zu glauben, ich rede niemals zu Massen … Vielleicht bin ich ein Hanswurst … Aber meine Wahrheit ist furchtbar: denn man hieß bisher die Lüge Wahrheit. – Umwertung aller Werte: das ist meine Formel für einen Akt höchster Selbstbesinnung der Menschheit, der in mir Fleisch und Genie geworden ist … Mit Alledem bin ich notwendig auch der Mensch des Verhängnisses … Denn wenn die Wahrheit mit der Lüge von Jahrtausenden in Kampf tritt, werden wir Erschütterungen haben …, wie dergleichen nie geträumt worden ist. Der Begriff Politik ist dann gänzlich in einen Geisterkrieg aufgegangen, alle Machtgebilde der alten Gesellschaft sind in die Luft gesprengt … Erst von mir an gibt es auf Erden große Politik.«

Den Winter 1888/89 verbringt Nietzsche in Turin. Von hier aus schickt er Botschaften in die Welt; man hat sie, da sie seinem Zusammenbruch unmittelbar vorausgehen, als »Wahnsinnszettel« bezeichnet. In der ersten Januarwoche 1889 erhält Nietzsches Basler Kollege, der renommierte Historiker Jacob Burckhardt, den ausführlichsten dieser Wahnsinnszettel; er ist in betont heiterem Tonfall geschrieben und Nietzsches letzter Brief. In ihm steht zu lesen: »Lieber Herr Professor, – zuletzt wäre ich sehr viel lieber Basler Professor als Gott; aber ich habe es nicht gewagt, meinen Privat-Egoismus so weit zu treiben, um seinetwegen die Schaffung der Welt zu unterlassen. Sie sehen, man muß Opfer bringen, wie und wo man lebt … Da ich verurteilt bin, die nächste Ewigkeit durch schlechte Witze zu unterhalten, so habe ich hier eine Schreiberei, die eigentlich nichts zu wünschen übrig läßt … Was unangenehm ist und meiner Bescheidenheit zusetzt, ist, daß ich im Grunde jeder Name in der Geschichte bin; auch mit den Kindern, die ich in die Welt gesetzt habe, steht es so … In diesem Herbst war ich, so gering gekleidet als möglich, zwei Mal bei meinem Begräbnisse zugegen … Erwägen Sie, wir machen eine schöne schöne Plauderei, Turin ist nicht weit, sehr ernste Berufspflichten fehlen vor der Hand, ein Glas Veltliner würde zu beschaffen sein. Negligé des Anzugs Anstandsbedingung. – In herzlicher Liebe Ihr Nietzsche … – P. S.: Von Zeit zu Zeit wird gezaubert … Ich gehe überall hin in meinem Studentenrock, schlage hier und da jemandem auf die Schultern und sage: siamo contenti? son dio, ho fatto questa caricatura (Sind wir zufrieden? Ich bin Gott, ich habe diese Karikatur gemacht)… Ich habe Kaiphas in Ketten legen lassen; auch bin ich voriges Jahr von den deutschen Ärzten auf eine sehr langwierige Weise gekreuzigt worden. Wilhelm Bismarck und alle Antisemiten abgeschafft. – Sie können von diesem Brief jeden Gebrauch machen, der mich in der Achtung der Basler nicht heruntersetzt.«

In den letzten Dezembertagen 1888 erfolgt mit dem sogenannten Turiner Vorfall Nietzsches endgültiger Zusammenbruch. Auf offener Straße fällt der bis dahin eher unauffällige deutsche Professor Friedrich Nietzsche einem Droschkenpferd um den Hals, das zuvor von seinem Kutscher mit Peitschenhieben malträtiert worden war. Um den Philosophen, der von dem Pferd nicht lassen will, bildet sich ein Menschenauflauf. Davide Fino, Nietzsches Turiner Zimmervermieter, den man herbeigerufen hat, führt den schluchzenden ›professore‹ nach Hause. Fino verständigt einen der wenigen treuen Freunde, die Nietzsche aus früheren Tagen geblieben sind, den Basler Theologen Franz Overbeck, der als nüchtern denkender Gottesmann von jeher das passende Gegenstück zu des Philosophen gran-

93

dioser Überspanntheit bildete. Overbeck reist von Basel nach Turin. Als er Nietzsche am 8. Januar 1889 wiedersieht, ist er erschüttert. In seinem Bericht heißt es:

»Ich erblicke Nietzsche in einer Sofaecke kauernd und lesen ..., entsetzlich verfallen aussehend ... Er stürzt sich auf mich, umarmt mich heftig, mich erkennend, und bricht in einen Tränenstrom aus, sinkt dann in Zuckungen aufs Sofa zurück, ich bin auch vor Erschütterung nicht imstande, auf den Beinen zu bleiben ... Zugegen war die ganze Familie Fino. Kaum lag Nietzsche zuckend und stöhnend wieder da, als man ihm das auf dem Tisch stehende Bromwasser zu schlucken gab. Augenblicklich trat Beruhigung ein, und lachend begann Nietzsche vom großen Empfang zu reden, der für den Abend vorbereitet sei. Damit war er im Kreise der Wahnvorstellungen, aus dem er dann, bis ich ihn aus den Augen verloren, nicht wieder getreten ist ... Es kam vor, daß er in lauten Gesängen und Rasereien, am Klavier sich maßlos steigernd, Fetzen aus der Gedankenwelt, in der er zuletzt gelebt hat, hervorstieß und dabei auch in kurzen, mit einem unbeschreiblich gedämpften Tone vorgebrachten Sätzen sublime, wunderbar hellsichtige und unsäglich schauerliche Dinge über sich als den Nachfolger des toten Gottes vernehmen ließ ...«

Overbeck bringt Nietzsche in die Psychiatrie nach Basel. Ein Mediziner, der Dentist Leopold Bettmann, hilft ihm dabei: Er versteht es, auf den kranken Nietzsche einzugehen, indem er dessen hochtrabende Phantasien ernst nimmt. Er redet ihn als Fürst an, verweist auf die erwartungsfrohe Menschenmenge, die ihn in der Schweiz angeblich erwartet. Am 17. Januar 1889 wird Nietzsche in die psychiatrische Universitätsklinik Basel eingeliefert. Ab jetzt ist er auch offiziell ein Kranker; seine Wahnvorstellungen interessieren nicht mehr und nicht weniger als die Wahnvorstellungen anderer Patienten. In seiner Basler Kranken-Akte heißt es: »Der Patient kommt in Begleitung der Herren Professoren Overbeck und Miescher in die Anstalt. – Läßt sich ohne Widerstand auf die Abteilung führen; auf dem Weg dahin bedauert er, daß wir daselbst so schlechtes Wetter haben, er sagt: ›Ich will euch, ihr guten Leute, morgen das herrlichste Wetter machen!‹ Der Patient läßt sich willig untersuchen; er spricht fortwährend während der Untersuchung. Kein rechtes Krankheitsbewußtsein, fühlt sich ungemein wohl und gehoben. Gibt an, daß er seit 8 Tagen krank sei und öfters an heftigen Kopfschmerzen gelitten habe … Der Patient ist schwer zu fixieren, beantwortet bloß teilweise und unvollständig oder gar nicht die an ihn gerichteten Fragen, in seinen verworrenen Reden fortfahrend. Sensoriell ist er stark benommen.«

Overbeck hatte Nietzsches Mutter in Naumburg verständigt, die sich sogleich nach Basel aufmacht. Franziska Nietzsche war im Rahmen ihrer bescheidenen Möglichkeiten bemüht gewesen, ihrem Sohn, dessen intellektuelle Höhenflüge sie stets mit Sorge betrachtet hatte, eine gute Mutter zu sein. Sie war gottesfürchtig und bieder; von ihrem verstorbenen Gatten, dem unglücklichen Pastor Nietzsche, hatte sie einen Hang zum Geiz und zur Umständlichkeit übernommen. Daß ihr Sohn Friedrich, ihr Herzensfritz, letztendlich geisteskrank geworden war, überraschte sie nur bedingt – Gott ließ sich eben nicht ungestraft verhöhnen, und Franziska Nietzsche, die ansonsten von ihrem Fritz kaum etwas gelesen hatte, wußte immerhin, daß der mit dem Herrgott in einer unheilvollen Privatfehde stand. – Am Tag ihres ersten Besuchs vermerkt das Krankenprotokoll:

»Der Patient zeigt einen ungeheuren Appetit, verlangt immer wieder zu essen. Nachmittags geht er im Garten spazieren, singt, johlt, schreit … Zieht sich manchmal Rock und Weste aus, legt sich auf die Erde. Der Besuch der Mutter erfreut ihn sichtlich. Beim Eintritt seiner Mutter ging er auf dieselbe zu, sie herzlich umarmend und ausrufend: ›Ach, meine liebe gute Mama, es freut mich sehr, dich zu sehen.‹ – Er unterhält sich längere Zeit über Familienangelegenheiten, ganz korrekt, bis er plötzlich rief: ›Siehe in mir den Tyrannen von Turin!‹ Nach diesem Ausruf fing er wieder an, verworren zu reden, so daß der Besuch beendigt werden mußte.«

Am 19. Januar 1889 wird Nietzsche in die Psychiatrie nach Jena überwiesen, die zur damaligen Zeit einen guten Ruf hat, der sich allerdings eher auf die interne Verwahrung als auf fortschrittliche Behandlungsmethoden gründet. Leiter der Klinik ist Professor Otto Binswanger, den Franziska Nietzsche, aus welchen Gründen auch immer, verehrt. Sie macht sich inzwischen Sorgen wegen der Kosten, die auf sie zukommen; schließlich ist sie nicht vermögend, und der Sohn hat bekanntlich nur seine Pension von der Universität Basel. So läßt sie ihren Herzensfritz nicht in der ersten, sondern in der billigeren zweiten Klasse unterbringen – das muß reichen. – Binswangers Oberarzt Dr. Ziehen, der seinem Chef viel vom lästigen Tagesgeschäft abnimmt, hat während der fünfzehn Monate, die Nietzsche in der Jenaer Psychiatrie verbringt, ein Krankenjournal geführt. Über den Einzug des neuen Patienten auf der ihm zugewiesenen Station heißt es dort: »Zur Abteilung folgt der Kranke unter vielen höflichen Verbeugungen. In majestätischem Schritt, zur Decke blickend, betritt er das Zimmer und dankt für den ›großartigen Empfang‹. Er weiß nicht, wo er ist. Bald glaubt er in Naumburg, bald in Turin zu sein. Über seine Personalien gibt er korrekt Auskunft. Gesichtsausdruck selbstbewußt, oft selbstgefällig und affektiert. Er gestikuliert und spricht fortwährend in affektiertem Ton … und zwar bald italienisch, bald französisch. Unzählige Male versucht er den Ärzten die Hand zu schütteln … Inhaltlich fällt die Ideenflucht seines Geplauders auf, gelegentlich spricht er von seinen großen Kompositionen und singt Proben aus denselben, er spricht von seinen ›Legationsräten und Dienern‹. Während des Sprechens grimassiert er fast unausgesetzt … «

Nietzsche wird in der Klinik wie andere Patienten auch behandelt, das heißt: Man geht routiniert mit ihm um, läßt ihn Freundlichkeit spüren, wenn er friedlich ist, und stellt ihn ruhig, wenn er den Betrieb stört. Daß es sich bei dem Patienten um einen Philosophen handelt, dessen Ruhm sich in der Welt draußen, über seinen Kopf hinweg, bereits vorbereitet, muß die Ärzte und Pfleger nicht unbedingt interessieren – was verständlich anmutet, denn in der Psychiatrie werden noch andere, selbsternannte, in brabbelnder Geheimsprache vor sich hin räsonierende Philosophen verwahrt. Professor

Binswanger gibt sich Mühe, Franziska Nietzsche zu beruhigen. Er appelliert an die Hoffnung, die man bekanntlich nie aufgeben dürfe, er verweist auf minimale Heilungschancen und den Umstand, daß auch in der Medizin schon des öfteren Wunder vorgekommen seien ... Das Wunder jedoch bleibt aus. Es wird nicht besser mit dem Patienten Nietzsche, im Gegenteil. Sein Verhalten mutet immer absonderlicher an, ja wird nun sogar als abartig bezeichnet. Im Krankenjournal heißt es: »Der Patient muß nachts isoliert werden. Schmiert oft mit Kot, ißt ihn. Uriniert in seinen Stiefel oder in sein Trinkglas und trinkt den Urin aus oder salbt sich damit ein ... Sammelt Papierschnitzel und Lumpen. Oft hat er Zornesausbrüche. Einem Mitpatienten gibt er Fußtritte. Hat nachts, wie er behauptet, ›ganz verrückte Weiberchen‹ gesehen, und er ergänzt: ›Heute nacht sind 24 Huren bei mir gewesen‹. – Am nächsten Tag schlägt er ganz plötzlich einige Scheiben ein. Behauptet, hinter dem Fenster einen Flintenlauf gesehen zu haben. Zerbricht ein Wasserglas, um, wie er sagt, ›seinen Zugang durch Glassplitter zu schützen‹. Er bittet öfter um Hilfe gegen nächtliche Torturen und bettet sich fast immer neben das Bett auf den Boden. ›Ich werde immer wieder vergiftet‹, ist eine seiner häufig wiederholten Behauptungen.«

Im Oktober 1889 zieht die zunehmend verzweifelter werdende Franziska Nietzsche einen merkwürdigen Zeitgenossen hinzu, von dem sie sich Hilfe für ihren Fritz erhofft: Es ist der Schriftsteller Julius Langbehn, den man kurze Zeit später, als er mit dem Buch »Rembrandt als Erzieher« einen überraschenden Erfolg erzielt, nur noch den »Rembrandtdeutschen« nennt. Langbehn, ein erklärter Irrationalist, will Nietzsche mit einer Art Gesprächstherapie zu Leibe rücken, für die er eine fast poetisch klingende Devise ausgibt: »Er ist ein Kind und ein König«, lautet sie, »und als Königskind, das er ist, muß er behandelt werden!« – Leider spielt der Patient nicht mit: Zwar hört er sich, scheinbar in aller Ruhe, an, was ihm Langbehn zu sagen hat, aber dann führt er seinem selbstgefälligen Therapeuten einen Wutausbruch vor, der es in sich hat. Der Schriftsteller fühlt sich persönlich bedroht, ergreift die Flucht, und der an sich löbliche Versuch, einen seelenverwirrten Philosophen als Königskind zu behandeln, ist fürs erste gescheitert …

Am 24. März 1890 wird Nietzsche aus der Psychiatrischen Universitätsklinik Jena entlassen. Es geschieht dies auf Wunsch der Mutter, aber auch auf deren eigene Verantwortung. Die Ärzte haben gewarnt und eine entsprechende Erklärung vorbereitet, die Franziska Nietzsche unterschreiben muß. Sie bezieht eine Wohnung in Jena und unternimmt mit ihrem Sohn lange Spaziergänge, die ihm zunächst gutzutun scheinen. Fritz jedoch bleibt unberechenbar; eines Tages, als die Mutter mit ihm ins städtische Solbad will, ist er plötzlich verschwunden ... An Overbeck, der schon seit einiger Zeit ihr bevorzugter Briefpartner geworden ist, schreibt sie tags darauf:

»[...] Mein lieber Fritz war nicht da, [ich] suche ihn, nachdem ich dreimal nach der Augenklinik, wo die Solbäder sind, gehe und dazwischen ebenso oft nach Hause..., [ich] schicke auch die im Hause wohnende Aufwartung mit ihrem Mann auf die Suche; nirgends zu finden. Diese zwei Stunden Todesangst werden Sie ... mir nachfühlen! Endlich beschließe ich, auf die Polizei zu gehen [...], da kommt mein Herzenskind an der Seite eines Polizisten ganz gemütlich plaudernd die Straße daher. Ich hätte vor Dank zu meinem lieben Gott auf die Knie sinken mögen ... Ich hörte, daß er neben dem Herrenbad in einer Lache habe baden wollen und wohl länger entblößt herumgegangen sei.«

Was wohl eher komisch gewesen ist, hat allerdings ein Nachspiel. Man bedeutet Franziska Nietzsche, daß sie ihren Sohn wieder der Psychiatrie übergeben oder ihm einen ausgebildeten Krankenwärter an die Seite stellen müsse; auf jeden Fall dürfe er nicht mehr so sträflich unbeaufsichtigt bleiben. So entschließt sie sich, Fritz in sein Elternhaus nach Naumburg zurückzubringen, wo er einen wesentlichen Teil seiner Kindheit verbracht hatte. Dort trifft er am 13. Mai 1890 ein. Man hat Umbaumaßnahmen vorgenommen, und es stehen Hilfskräfte zur Verfügung: die alte Haushälterin Alwine und ein eigens verpflichteter Rentner namens Tittel, der gegen ein geringes Taschengeld und freie Kost und Logis fürs Grobe zuständig ist. Tittel soll dem Professor, wie Franziska Nietzsche ihren Fritz gern in den Briefen nennt, beim Aus- und Ankleiden behilflich sein; bei Spaziergängen und Badebesuchen hält er sich als Wachhabender im Hintergrund auf. Nietzsche hat seine Schwierigkeiten mit dem wackeren Tittel: Er brüllt ihn an, bewirft ihn mit Schuhen, versucht, ihn einzusperren. Dennoch scheint sich der Kranke in altvertrauter Umgebung wohler zu fühlen als in der Anstalt. In einem Brief an Overbeck spricht Franziska Nietzsche sich Mut zu:

»Ich kann mich um nichts als meinen lieben Patienten bekümmern, was mein bißchen Kraft, die ich noch habe, vollständig in Anspruch nimmt… Und doch bin ich selig in mir, daß er mit meiner Pflege zufrieden ist, wie neulich, wo ich sagte, ›Du müßtest doch jemand Gelehrtes um dich haben‹, und er meinte: ›So wie wir zusammen leben, gibt es für dich keinen Ersatz, mein liebes Mutterchen!‹ Natürlich beglückt ein solcher Ausspruch … Nun, ich hoffe, daß sich alles mit Gottes Hilfe mit der Zeit wiederfinden wird. Haben wir doch oft unsere kleinen und großen Späße miteinander, wo er ganz in lieber alter Weise so herzlich lacht … «

Für begründeten Optimismus besteht allerdings kein Anlaß: Der Gesundheitszustand des Patienten wird schlechter, und die Prognosen der Ärzte sind düster. Für die Hoffnung, die es noch gibt, bedarf es eines starken Glaubens, den Franziska Nietzsche denn auch unermüdlich für sich bemüht. Wie ihr Sohn auf Freunde wirkte, die ihn länger nicht gesehen hatten, wird aus einem Brief Deussens deutlich, der Nietzsche Ende September 1890 in Naumburg besuchte. An Overbeck schreibt Deussen: »Geistig schien er fast völlig erloschen zu sein. Meist hörte er still zu, und seine Antworten waren abgerissene Reminiszenzen aus der Vergangenheit … Als ich ihm von Spanien erzählte, unterbrach er mich mit der Bemerkung, daß Deussen auch dort gewesen sei, und als ich ihm sagte: ›Ich bin ja Deussen!‹, sah er mich verwundert an. Er hatte also von mir noch eine Erinnerung in abstracto, begegnete mir auch zutraulich wie einem alten Freunde, wußte aber Anschauung und Begriff nicht mehr zu verknüpfen … Nietzsches Mutter hofft auf Genesung, und wir werden ihr gewiß diesen Trost nicht rauben wollen, aber ich muß gestehen, daß Nietzsche auf mich nicht den Eindruck machte, als könne er einen auch nur normalen Gebrauch der geistigen Kräfte wiedergewinnen … «

Nietzsche dämmert vor sich hin. Gelegentlich überrascht er seine Mitmenschen noch mit hellsichtigen Bemerkungen oder verblüffend genauen Erinnerungen; ansonsten scheint er sich von der realen Welt verabschiedet zu haben. Die Pflege bleibt der Mutter überlassen – allerdings deutet sich schon länger ein Machtwechsel an: Elisabeth Nietzsche tritt auf den Plan … Sie, die zwei Jahre jünger als ihr Bruder ist, hat eine unrühmliche Episode in Paraguay hinter sich gebracht: Dort leitete sie, zusammen mit ihrem Mann, dem gefürchteten Antisemiten Dr. Bernhard Förster, der später Selbstmord beging, eine deutsche Kolonie mit dem bezeichnenden Namen Neu-Germanien. Das Unternehmen scheitert – unter dubiosen bis peinlichen Umständen. Elisabeth Förster-Nietzsche kehrt nach Deutschland zurück und entdeckt – mit einem Geschäftssinn, der sich wohl erst am geeigneten Objekt entzünden konnte – eine neue Einnahmequelle, die sie alsbald systematisch zu nutzen und auszubauen versteht: den genialisch-umnachteten Bruder, der unter ihrer Obhut zum großen Philosophen und Seher gemacht wird …

Elisabeth Nietzsche – das Lieschen, wie sie im Familienkreis genannt wurde – ist oft und gern unterschätzt worden; dabei war sie besser als ihr Ruf. Sie wußte sich zu steigern, und sie leitete aus der Geisteskrankheit ihres Bruders ihre eigentliche Lebensaufgabe ab, die sie dann hingebungsvoll und vermögensorientiert auszufüllen verstand. Ihr deswegen plumpen Eigennutz vorzuwerfen, wäre verfehlt. Daß Fritz Nietzsche zu Deutschlands berühmtestem Philosophen aufgebaut werden konnte, ist zum großen Teil das Verdienst von Lieschen Nietzsche – es war, als ob die Geschwister, nachdem die Kräfte der Mutter immer mehr nachließen, zu einer Notgemeinschaft zusammenwachsen sollten, deren interne Interessen sich vorzüglich ergänzten. Dabei gilt es, nicht nur die Geschäftstüchtigkeit der Schwester zu loben; sie bemühte sich auch darum, in die Geisteswelt ihres Bruders hineinzufinden, was sie allerdings, ohne daß sie es wahrhaben wollte, deutlich überforderte. –

Am 20. April 1897 stirbt Franziska Nietzsche. Die Machtverhältnisse haben sich zuvor schon geändert: die Regentschaft ist auf Elisabeth Nietzsche übergegangen, die nun mit ansehen darf, wie ihr Herzensfritz immer berühmter wird: Es scheint, als ob die Zeit auf einen wie ihn gerade gewartet habe – einen wahnsinnig-hellsichtigen Denker, seelisch zugrunde gegangen an den Widersprüchen einer morbiden Gesellschaft und verstummt vor den Anforderungen von Kommerz und Kultur. – Am 8. August 1897 bezieht Elisabeth Nietzsche mitsamt ihrem Bruder, dem ihm gewidmeten Nietzsche-Archiv und der alten, noch immer treuen Haushälterin Alwine die »Villa Silberblick« in Weimar. Hier stehen repräsentative Räumlichkeiten zur Verfügung, und man kann ausgewählte Besucher empfangen. Sie werden, wenn es gewünscht wird, zum umnachteten Philosophen vorgelassen, den Elisabeth inzwischen standesgemäß eingekleidet hat: Er trägt ein langes weißes Gewand – angeblich, so behauptet sie, der Bequemlichkeit wegen, in Wahrheit aber wohl eher, um den Gestus des Sehers zu unterstreichen, den eine interessierte Öffentlichkeit in Nietzsche sehen will. Die Besuche finden in konspirativer Atmosphäre statt; man geht auf Zehenspitzen zum Philosophen, der zumeist auf dem Sofa vor sich hin döst, und man verständigt sich, wenn überhaupt, nur flüsternd. Die Berichte, die nach solchen Besuchen hinausgehen in die Welt, haben den Tonfall, den die Schwester sich wünscht. Rudolf Steiner etwa, der spätere Großmeister der Anthroposophen, scheint das ehrfurchtvolle Flüstern beibehalten zu haben, als er seine Erinnerung an Nietzsche zu Papier bringt: »Da lag der Umnachtete mit der wunderbar schönen Stirn, Künstler- und Denkerstirn zugleich, auf einem Ruhesofa. Es waren die ersten Nachmittagsstunden. Diese Augen, die im Erloschensein noch durchseelt wirkten, nahmen nur noch ein Bild der Umgebung auf, das keinen Zugang zur Seele mehr hatte. Man stand da, und Nietzsche wußte nichts davon. Und doch hätte man von dem durchgeistigten Antlitz noch glauben können, daß es der Ausdruck einer Seele wäre, die den ganzen Vormittag Gedanken in sich gebildet hatte, und die nun eine Weile ruhen wollte ... «

Nietzsche stirbt am 25. August 1900 an den Folgen eines Schlaganfalls. Seine Schwester ist bei ihm; sie, die bereits vom Leben ihres Bruders Nutzen gezogen hat, bringt sich auch bei seinem Tod in Positur. In ihrem Bericht heißt es:

»Als ich ihm in der Nacht gegen 2 Uhr früh eine Erfrischung reichte und den Lampenschirm beiseite rückte, damit er mich besser sehen konnte, rief er freudig: ›Elisabeth!‹, so daß ich glaubte, die Gefahr sei vorüber. Er fiel in tiefen Schlaf; sein Antlitz jedoch veränderte sich mehr und mehr, die Schatten des Todes breiteten sich aus, der Atem wurde kolossal schwer. Er bewegte ... die Lippen, als ob er noch etwas zu sagen habe. Dann aber kam ein leichtes Erbeben, ein tiefes, in den Atem vermischtes Seufzen, und sanft, ohne weiteren Kampf, mit einem letzten feierlich-fragenden Blick schloß er die Augen für immer…«

Nietzsche wird in seinem Geburtsort Röcken beigesetzt. Die Beerdigung, eigentlich als schlicht geplant, gerät zum Ereignis: Es scheint, als ob die Welt der Würdenträger, die Nietzsche so lange verschmäht hat, nun in einem äußeren Kraftakt wiedergutmachen wollte, was zuvor im inneren Geschäftsbetrieb versäumt und übersehen worden war. – Frau Dr. h. c. Elisabeth Förster-Nietzsche, die alles im Griff hat, sieht den Aufmarsch wichtiger Menschen, die von ihrem Bruder Abschied nehmen, mit Genugtuung. Zum Ende der Beisetzung wird es dann noch ergreifend-komisch: Man ruft dem Philosophen Aphorismen aus seinem bekanntesten Buch, dem »Zarathustra«, nach, und Nietzsche, der schon unten in der Grube liegt, ist da womöglich noch einmal zusammengezuckt… Vielleicht, wer weiß das schon, hat er sich auch unendlich wohl gefühlt; eine raum- und ortlose Gewißheit ist in ihm, die ihm, ganz ohne Worte, sagt, daß er, der am Ende seines bewußten Lebens nur noch müde war und »krank vom Licht«, zu guter Letzt heimgefunden hat – in seine ur-eigene, selbst-ausgedachte Welt, die sich jetzt nur noch am Jenseitigen mißt: »Ach, was seid ihr doch, ihr meine geschriebenen und gemalten Gedanken! Es ist nicht lange her, da wart ihr noch so bunt, jung und boshaft, voller Stacheln und geheimer Würzen... – und jetzt? Schon habt ihr eure Neuheit ausgezogen, und einige von euch sind, ich fürchte es, bereit, zu Wahrheiten zu werden: so unsterblich sehn sie bereits aus, so herzbrechend rechtschaffen, so langweilig! Und war es jemals anders? Welche Sachen schreiben und malen wir denn ab, ... wir Verewiger der Dinge ...? Ach, immer nur das, was eben welk werden will ... Ach, immer nur abziehende und erschöpfte Gewitter und gelbe späte Gefühle! Ach, immer nur Vögel, die sich müde flogen und sich nun mit der Hand haschen lassen, – mit *unserer* Hand! Wir verewigen, was nicht mehr lange leben und fliegen kann, müde und mürbe Dinge allein! Und nur euer *Nachmittag* ist es, ihr meine geschriebenen und gemalten Gedanken, für den allein ich Farben habe, viel Farben vielleicht, viel bunte Zärtlichkeiten und fünfzig Gelbs und Brauns und Grüns und Rots: – aber Niemand errät mir daraus, wie ihr in eurem Morgen aussahet, ihr plötzlichen Funken und Wunder meiner Einsamkeit, ihr meine alten geliebten — *schlimmen* Gedanken!«

Für alle Fälle Fritz

Nietzsches Weg in den Ruhm verlief nicht geradlinig oder gar folgerichtig – er war eingebettet in eine deutsche Inszenierung, die sich ohne die Mitwirkung des Hauptdarstellers, ja, über dessen Kopf hinweg vollzog. Die Oberspielleiterin dabei ist Nietzsches zwei Jahre jüngere Schwester Elisabeth: Sie, die ihren Bruder gern Fritz nennt und im Familienkreis Lieschen genannt wird, versteht es, Nietzsches sogenannten Wahnsinn für ihre Zwecke auszunutzen, welche sich dann, wohltätigerweise, auch als höhere Zwecke der Philosophie verkaufen lassen. Noch zu Nietzsches Lebzeiten erwirbt sie die Autorenrechte am Werk ihres Bruders; sie gründet das Nietzsche-Archiv, und sie nimmt, mit Hilfe von Herausgebern, die nach Gutsherrinnen-Art ein- und abgesetzt werden, eine Nietzsche-Gesamtausgabe in Angriff. Elisabeth Nietzsche, die am liebsten als Frau Dr. Förster-Nietzsche firmiert, weiß sich kontinuierlich zu steigern: Sie hat zwar einen Hang zu Vereinfachungen und Verkürzungen, sie scheut vor Werk-Verfälschungen nicht zurück, aber ihr gelingen auch einige Bücher, die ihren Fritz in anrührender, wenngleich nachbehandelter Nahaufnahme zeigen. Der vielschichtige, der rätselhafte, der vorausweisende Denker Friedrich Nietzsche: Bei Elisabeth Nietzsche verliert er seine Geheimnisträchtigkeit und wird durchschaubar – womit sie zu einer vorübergehenden, insgesamt eher schädlichen als nutzbringenden Popularisierung beigetragen hat. Als Beispiel dafür kann eine der umstrittensten Formeln seiner Philosophie genannt werden, der »Wille zur Macht«. Nicht wenige kluge Köpfe haben dieses verräterisch-eingängige Kürzel, um das sich bei Nietzsche die widersprüchlichsten Materialien gruppieren, zu deuten und zu wenden versucht; bei Elisabeth Förster-Nietzsche jedoch bleibt von der Kompliziertheit nicht mehr viel übrig – sie erklärt den »Willen zur Macht« ihrem Lesepublikum so: »Wir haben die bisherigen höchsten Werte zwar als den Schwachen und Elenden nützlich erkannt, aber schädlich für die einzelnen Hervorragenden, weil sie in ihrer Selbstsicherheit, in ihrer Kraft unsicher wurden [...] [An] die höheren Menschen [wollte] sich der Autor des ›Willens zur Macht‹ wenden und ihnen zurufen: Auf, auf, ihr höheren Menschen, schafft euch neue Wege und Werte, die nur für die Höchsten und Stärksten gelten und die Welt mit allem Schweren nicht verkleinern ... Eure Vorfahren haben die Welt nach ihren Gedanken gebaut und, weil ihre Geister noch mannigfach beengt waren, eine jenseitige Welt darüber erhoben und erschaffen. Nun macht ihr höchsten Menschen aus dieser unserer Erde eine verklärte heroische Welt voller Kämpfe und Siege in allem Geistigen und Körperlichen. Und aus euch selbst macht das Beste, was in eurer Macht liegt, macht euch zu einer höheren Art Mensch, die den Glauben an den Menschen wieder möglich macht! Denn dies war die Sehnsucht, die mein Bruder durch sein ganzes Leben verfolgt hat, daraufhin zielten alle seine Pläne und Absichten: daß *der vollkommene, das Leben rechtfertigende Mensch*, daß *der Übermensch* als höchste Spitze einer höheren stärkeren Art uns zuteil werde.«

Es kann nicht verwundern, daß solche Sätze bei den Nationalsozialisten auf Zustimmung stießen, die sich zuvor schon bei Nietzsche bedient hatten, dessen Werk, damals wie heute, eine Fundgrube für Wahrheitssucher aller Art ist. Elisabeth Nietzsche, die hochbetagt 1935 starb, pflegte denn auch bis zuletzt beste Kontakte zu den Herren Hitler und Mussolini, und fast hätte es für sie, kein Witz, sogar noch zum Literaturnobelpreis gereicht, für den sie 1908, 1915 und 1923 vorgeschlagen wurde und an dem sie nur knapp vorbeigeschrammt ist – eine Volte, die Bruder Fritz aus dem Grab oder vom Philosophenhimmel herab sicher mit Vergnügen registriert hat ...

Was ihm weniger Vergnügen bereitet haben dürfte, war der Umgang mit seinen Schriften: In Deutschlands dunkelster Epoche wurde er – von Leuten, die wenig lasen und noch weniger verstanden – zum Denker erklärt, der sich der völkischen Sache verschrieben habe; man machte ihn zum Propagandisten des Krieges und einer immerwährenden Wehrertüchtigung von Geist und Körper. Er selbst hat in seine Schriften allerdings genügend anstößige Stellen hineingepackt, die sich entsprechend mißdeuten ließen. Mit einem Zitat wie dem folgenden etwa haben auch die versiertesten Nietzsche-Verehrer ihre Mühe: »Werfen wir einen Blick ein Jahrhundert voraus, setzen wir den Fall, daß mein Attentat auf jene zwei Jahrtausende Widernatur und Menschenschändung gelingt. Jene neue Partei, welche die größten aller Aufgaben in die Hände nimmt, eingerechnet die schonungslose Vernichtung alles Entartenden und Parasitischen ... Ich verspreche ein tragisches Zeitalter: die höchste Kunst im Jasagen zum Leben, die Tragödie, wird wiedergeboren werden, wenn die Menschheit das Bewußtsein der härtesten, aber notwendigsten Kriege hinter sich hat, ohne daran zu leiden.«

Es läßt sich darüber streiten, ob Nietzsche damit den Krieg gemeint haben konnte, den die Menschheit dann, unter tatkräftiger Mitwirkung von Elisabeth Förster-Nietzsches Freunden, hinter sich brachte. Vermutlich ist der Krieg, den Nietzsche, im besonderen in seinen späten Schriften, wie einen guten alten Bekannten beschwört, nur eine Metapher gewesen für die Geistes-Kunst, sich zur Wehr zu setzen – eine Kunst, die der in seinem wachen Leben hilfsbereite, höfliche, oft auch scheue Professor Friedrich Nietzsche nie so recht beherrschte. Er hat daher, mit einer an innerer Einsamkeit geschulten privaten Wut seine Aggressionen in Gedanken ausgetragen, wobei der Umsturz, den er proklamierte, nur auf dem Papier stattfand – ein Umstand, den der Schriftsteller Nietzsche durchaus billigend in Kauf nahm. –

Nietzsches falsche Freunde jedenfalls trugen dazu bei, daß sein Ruf schweren Schaden nahm. Um ihn zu rehabilitieren, bedurfte es langwieriger Anstrengungen und einiger Mitstreiter, die über jeden Zweifel erhaben waren. Noch während des Zweiten Weltkrieges ließ sich eine gewichtige Stimme vernehmen, die für Nietzsche Partei ergriff – sie gehörte Thomas Mann, der einen Philosophen, den er für systematisch verkannt hielt, mit einemmal für die schmählich verratenen Ideale der altehrwürdigen Aufklärung in Anspruch nahm: Nietzsche »muß es sich gefallen lassen, ein Humanist genannt zu werden, wie er es dulden muß, daß man seine Moralkritik als eine letzte Form von Aufklärung begreift. Die überkonfessionelle Religiosität, von der er spricht, kann ich mir nicht anders vorstellen als gebunden an die Idee des Menschen, als einen religiös fundierten und getönten Humanismus, der, vielerfahren, durch vieles hindurchgegangen, alles Wissen ums Untere und Dämonische hineinnähme in seine Ehrung des menschlichen Geheimnisses [...] Politikern im Grunde und unschuldig geistig, hat er als sensibelstes Ausdrucks- und Registrierinstrument mit seinem Macht-Philosophem den heraufsteigenden Imperialismus vorempfunden... Nicht kalte Abstraktion, sondern Erleben, Erleiden und Opfertat für die Menschheit ist und war Nietzsches Wissen und Beispiel. Er ist dabei zu den Firnen grotesken Irrtums emporgetrieben worden, aber die Zukunft war in Wahrheit das Land seiner Liebe, und den Kommenden, wie uns, deren Jugend ihm Unendliches dankt, wird er als eine Gestalt von zarter und ehrwürdiger Tragik, umloht vom Wetterleuchten dieser Zeitenwende, vor Augen stehen...«

Thomas Manns Stimme wurde gehört – wenn auch, im Fall Nietzsche, erst mit einiger Verzögerung. Eine junge deutsche Autorin, Eva Siebert, nahm seine Anregungen auf: In einem Beitrag mit dem Titel »Nietzsche vor der Spruchkammer«, der 1947 in der Berliner *Weltbühne* erscheint, beschreibt sie ein fiktives Gerichtsverfahren, das die bekannten Anklagepunkte gegen den Philosophen erhebt: Nietzsche habe mit seinen Schriften den menschenverachtenden Ideologien des Nationalsozialismus und Faschismus den Boden bereitet; seine Werke sprächen für sich, die Lebensumstände des Autors könnten nicht als strafmindernd gelten, sondern müßten weitgehend unberücksichtigt bleiben. Eva Siebert tritt als Wahlverteidigerin des Philosophen auf; sie fordert keine mildernden Umstände für ihren Mandanten, sondern plädiert auf Freispruch. Dabei beruft sie sich, ebenso wie die Anklage, auf Nietzsches Werke: »Wir können es uns nicht leisten, einen solchen raren Sprößling am deutschen Baum in Acht und Bann zu tun, und es wird Zeit, ihn gründlich zu entnazifizieren. Appellanten an solcher Stelle haben das Recht, alles vorzubringen, was sie von dem Verdacht säubern kann, im tiefsten Herzen und im tiefsten Denken Faschist gewesen zu sein. Wir wollen daher hören, was Nietzsche zu zitieren hätte ... «

Und so kommt denn der Philosoph selbst zu Wort, den seine Verteidigerin in den Zeugenstand bittet. Nietzsche liest aus seinen eigenen Schriften vor, und was er zu sagen hat, klingt nicht sehr deutschfreundlich: »Gut deutsch sein heißt sich entdeutschen, habe ich einmal gesagt; aber das will man mir heute nicht zugeben. Goethe hätte mir vielleicht recht gegeben ... Etwas Höhnisches, Kaltes, Gleichgültiges, Nachlässiges in der Stimme, das klingt jetzt den Deutschen vornehm ... Der Offizier, und zwar der preußische, ist der Erfinder dieser Klänge ... Sobald er spricht und sich bewegt, ist er die unbescheidenste und geschmackwidrigste Figur im alten Europa ... Man gebe acht auf die Kommandorufe, von denen die deutschen Städte förmlich umbrüllt werden, jetzt wo man vor allen Toren exerziert; welche Anmaßung, welches wütende Autoritätsgefühl, welche höhnische Kälte klingt aus diesem Gebrüll heraus! [...] Je weniger einer zu befehlen weiß, um so dringlicher begehrt er nach einem, der befiehlt, streng befiehlt, nach einem Gott, Fürsten, Stand, Arzt, Beichtvater, Dogma, Partei-Gewissen ... Der Fanatismus ist nämlich die einzige ›Willensstärke‹, zu der auch die Schwachen und Unsicheren gebracht werden können, als eine Art Hypnotisierung des ganzen sinnlich-intellektuellen Systems.«

Nietzsche hatte es schwer nach dem Krieg. Die Front seiner selbsternannten Freunde war zerschlagen, und sein Weg in den Ruhm schien erst einmal in einer Sackgasse zu enden. Die besseren Leser, die Nachdenklichen waren gefragt; sie mußten sich hervorwagen und dafür Sorge tragen, daß Nietzsche nicht in der von kaltem Licht ausgeleuchteten Ecke verblieb, in der man ihn abgestellt hatte. – Ein, im nachhinein betrachtet, ebenso überraschender wie hochfahrender Verteidigungsbeitrag für Nietzsche war dem Philosophen Wolfgang Harich zu verdanken. Er, der in der untergegangenen DDR mal als Dissident wider Willen, mal als sozialistischer Eiferer auffällig wurde, hat sich als junger Mann zu Nietzsche bekannt, wobei er, inspiriert von den Poesien der Hoffnung, die der damals ebenfalls noch junge Ernst Bloch in die Philosophie brachte, keine nüchterne Erklärung abgab, sondern den Tonfall der großen Rede wählte. In einem Essay, der 1947 im Feuilleton des Berliner *Kurier* erschien, schrieb Harich: »Von der ›Geburt der Tragödie‹ bis zum ›Ecce Homo‹ hat sich Nietzsche durch seine Werke und seine geistigen Wandlungen blutig hindurchgeschunden, gepeitscht von dem tyrannischen Dämon der Neugier, der ihn beherrschte. Zu Nietzsche Stellung zu nehmen, ihn zu widerlegen oder die Beweise, die er schuldig blieb, nachträglich zu erbringen, ist unmöglich. Man kann ihn als Ganzes bejahen oder verneinen, und wer ihn verneint, ist ein prüder Spießer. Das aber heißt nicht, daß man die Gefahr dieses hochexplosiven geistigen Sprengstoffs unterschätzen soll! […] Nietzsches eigentliches Werk besteht bleibend darin, die dumpfigen Kellergewölbe des bürgerlichen Ressentiments erkennend durchmessen zu haben, über denen Schopenhauer sein System errichtet hatte, auferstanden zu sein zur Taghelle einer emphatischen Daseins- und Willensbejahung, aufgestiegen zur einsamen Gipfelhöhe der Erkenntnis. Eine Serpentinenstraße… führt ihn hinauf, und von dieser Gipfelhöhe her hat Nietzsche hineingeschaut in weite Zeiträume des Vergangenen und der Zukunft …«

Im Alter, das die Menschen bekanntlich oft starrsinnig macht, wollte Harich dann von seiner jugendlichen Nietzsche-Schwärmerei nichts mehr wissen. Als sich im offiziellen Wertungskanon der DDR-Kulturpolitik, die Nietzsche über Jahrzehnte hinweg entweder als üblen Reaktionär beschimpft oder beharrlich verschwiegen hatte, erste Risse zeigten und man dahinter das Bestreben erkennen konnte, sich endlich auch mit einem Philosophen zu arrangieren, der im Westen, mit seinen schnell wechselnden Sinn- und Verständniskrisen, mittlerweile zu einer Art Kultautor befördert worden war, wetterte

Harich gegen die sich abzeichnende, unheilige Allianz von sozialistischen Weichspülern und spätkapitalistischen Pseudowissenschaftlern, die letztlich nichts anderes bewirken könne, als Frau Dr. h. c. Förster-Nietzsche zur erneuten Genugtuung zu verhelfen: »Sie handeln in deren Sinn, helfen ihren Auftrag erfüllen. Sie war es, die den Bruder zu seinem höheren Ruhm, und zu ihrem eigenen, in die Nähe der besten Dichter Deutschlands rückte, zu denen er unter allen vor ihm und nach ihm am wenigsten gehört. Er hatte, wo Wieland und Herder, Goethe und Schiller lebten und wirkten, wo sie zu letzter Ruhe gebettet sind …; nichts zu suchen. Seine Anwesenheit in dieser Gegend, von der managenden Schwester bewerkstelligt, war ein Sakrileg … In Weimars Umgebung liegt Buchenwald. Hier betrieb die von Nietzsche geforderte ›Mörderkaltblütigkeit mit gutem Gewissen‹ ihr grausiges Handwerk … Dergleichen darf es im sozialistischen Teil des deutschen Sprachraums nie wieder geben.«

Während man sich in der DDR, trotz vorsichtiger Liberalisierungstendenzen, mit dem Ärgernis Nietzsche nach wie vor nicht recht anfreunden konnte, war im Westen Deutschlands eine Wiederentdeckung vonstatten gegangen, die zugleich einen Neubeginn im Umgang mit Nietzsche bedeutete.

Man besann sich auf den vielseitig verwendbaren Nietzsche – einen Künstler- und Dichter-Philosophen, dessen Werk sich als Fundgrube für alle Zeitgeist- und Trendforscher erwies. Bei Nietzsche ließen sich Bedarfswahrheiten für alle Fälle besorgen: Hatte er nicht, wie jetzt unschwer festzustellen war, die moderne, ja die postmoderne Zerrissenheit des Menschen vorweggedacht, seine Ortlosigkeit in Raum und Zeit; hatte er nicht auf die Verfallsdaten der bisherigen Werte, auf die ungeheuren Zumutungen verwiesen, die sich daraus für die neuzeitlichen Gesellschaftssysteme ergaben? Und hatte er, Nietzsche, nicht an sich selbst, an der leidvollen Überführung von Philosophie in Leben deutlich gemacht, daß der einzelne immer wieder neu ansetzen muß, um auch nur brüchigste Gewißheiten zu erlangen, die ihm gleichwohl wieder entrissen werden – so wie ihm auch sein Leben selbst entrissen wird, um dann doch, so glaubte es Nietzsche zumindest, einen hochgespannten Halt in der von ihm so genannten ewigen Wiederkunft des Gleichen zu finden ...? Philosophie, so gesehen, ist ein unentwegtes Abenteuer, kein Denksport für Angestellte des Weltgeistes. Nietzsche schreibt: »Wir sind keine denkenden Frösche, keine Objektivier- und Registrier-Apparate mit kalt gestellten Eingeweiden, – wir müssen beständig unsere Gedanken aus unserem Schmerz gebären und mütterlich ihnen alles mitgeben, was wir von Blut, Herz, Feuer, Lust, Leidenschaft, Qual, Gewissen, Schicksal, Verhängnis in uns haben. Leben – das heißt für uns alles, was wir sind, beständig in Licht und Flamme verwandeln, auch alles, was uns trifft, wir können gar nicht anders ... «

Es kann nicht verwundern, daß bei Nietzsches Schlußspurt zum Ruhm das Lehrpersonal der philosophischen Fakultäten meist nur Spalier stand, sich aber nicht anfeuernd betätigte. An den Universitäten nämlich hat man mit philosophischen Seiteneinsteigern nach wie vor seine Probleme, woran auch ein anderer bekannter deutscher Philosoph nichts ändern konnte, der selbst politisch höchst umstritten war, zugleich aber als philologisch genauer und einfühlsamer Geistes-Arbeiter Maßstäbe setzte: Martin Heidegger. Er nahm Nietzsche als Denker ernst, sah in ihm gar den letzten großen Metaphysiker und widmete seinem Werk eine Vielzahl genauer Detailanalysen. Dennoch ist Nietzsche mehr durch Sogwirkungen von außen befördert worden: Künstler, Musiker, Schriftsteller, Nachdenkliche aller Stände wurden auf ihn aufmerksam und bezogen aus seinem Werk jenen Proviant, den man braucht, um in illusionslosen Zeiten überwintern zu können. Mittlerweile hat Friedrich Nietzsche eine Anerkennung gefunden, aus der er selbst eine heimtückische Selbstzufriedenheit ablesen würde, mit der er selbst wohl nicht einverstanden gewesen wäre, da sie aus einem weltanschaulichen Bedarfspool stammt, dessen Vorratshaltung sich fast ausschließlich nach den Maßgaben des Geschmäcklerischen und Beliebigen bemißt. Dennoch oder gerade deswegen sind die meisten der Deutungen, die ihm gelten, in seinem Werk mit angelegt, das den Grundstock für ein Unternehmen bildet, dem bemerkenswerter Erfolg auf dem Erkenntnis-Markt beschieden ist. Die Geschäftsführer des Unternehmens *Fritz Nietzsche Nachfolger* haben *ihren* Nietzsche gelesen; mit seinen Erkenntnissen gerüstet, können sie Hilfestellungen bei vielerlei Gelegenheiten bieten und sich doch nahezu unangreifbar machen – auch das ist von Nietzsche selbst vorexerziert worden. Darauf hat beispielsweise der philosophische Schriftsteller Rüdiger Safranski hingewiesen, der zum engeren Nietzsche-Freundeskreis gehört: »Tatsächlich, Nietzsche ist unzeitgemäß, denn er hat sich gegen das demokratische und nach dem Prinzip der Wohlfahrt organisierte Leben entschieden. Für ihn bedeutet eine solche Welt den Triumph des menschlichen Herdentiers. Er aber wollte vor allem den Unterschied zwischen sich und den vielen anderen festhalten. Sein Werk ist die große Konfession dieses Bemühens. Es dokumentiert sich darin die lebenslange Anstrengung, aus sich selbst ein großes Individuum zu machen. Wenn man diesem Denken in der ersten Person, diesen Manövern der Selbstgestaltung fasziniert und vielleicht auch bewundernd zusieht und doch nicht willens ist, die Idee der Demokratie und Gerechtigkeit preiszugeben, so hätte das Nietzsche vielleicht als faulen Kompromiß angesehen... Aber vielleicht hätte er sich auch darauf besonnen, daß er selbst es war, der bei seinen Lesern den ironischen Vorbehalt eingefordert hatte: ›Es ist durchaus nicht nötig, nicht einmal erwünscht‹ [schrieb er], ›Partei für mich zu nehmen: im Gegenteil, eine Dosis Neugierde, wie von einem fremden Gewächs, mit einem ironischen Widerstande, schiene mir eine unvergleichlich intelligentere Stellung zu mir.‹«

Unter den zeitgenössischen Philosophen ist es Peter Sloterdijk, der seinen Nietzsche sozusagen immer bei sich hat. Sloterdijk ist es zu danken, daß Nietzsche inzwischen auch in den aktuellen Debatten seine Modernität unter Beweis stellen durfte. Er, Sloterdijk, bringt Nietzsche, den selbsternannten Werteverächter, zum Reden; er läßt ihn, beispielsweise, zur brisanten Frage der menschlichen Gen- und Erbgut-Manipulation Stellung beziehen. In Sloterdijks umstrittener Streitschrift »Regeln für den Menschenpark« heißt es dazu: »Nietzsches Verdacht gegen alle humanistische Kultur dringt darauf, das Domestikationsgeheimnis der Menschheit zu lüften. Er will die bisherigen Inhaber der Züchtungsmonopole – die Priester und Lehrer, die sich als Menschenfreunde präsentierten – beim Namen und ihrer verschwiegenen Funktion nennen und einen weltgeschichtlich neuen Streit zwischen verschiedenen Züchtern und verschiedenen Züchtungsprogrammen lancieren. – Dies ist der von Nietzsche postulierte Grundkonflikt aller Zukunft: der Kampf zwischen den Kleinzüchtern und den Großzüchtern des Menschen – man könnte auch sagen, zwischen Humanisten und Superhumanisten, Menschenfreunden und Übermenschenfreunden. Das Emblem Übermensch steht in Nietzsches Überlegungen nicht für den Traum einer schnellen Enthemmung oder einer Evasion ins Bestialische – wie die gestiefelten schlechten Nietzsche-Leser der 30er Jahre wähnten. Der Ausdruck steht auch nicht für die Idee einer Rückzüchtung des Menschen zum Status vor der Haustier- und Kirchentierzeit. Wenn Nietzsche vom Übermenschen spricht, so denkt er ein Weltalter tief über die Gegenwart hinaus. Er nimmt Maß an den zurückliegenden tausendjährigen Prozessen, in denen bisher dank intimer Verschränkungen von

Züchtung, Zähmung und Erziehung Menschenproduktion betrieben wurde – in einem Betrieb freilich, der sich weitgehend unsichtbar zu machen wußte…«

Mit leisem Spott und uneingeschränktem Respekt läßt sich sagen, daß Peter Sloterdijk inzwischen zu Nietzsches eigentlichem Nachfolger avanciert ist: Er entdeckt Zusammenhänge, die sonst keiner entdeckt; er vermag das Weltläufige mit dem Abgelegenen zu verbinden; er pflegt den globalen Gedankentransfer und komponiert, wie es auch Nietzsche getan hat, philosophische Wort- und Begriffsmusik, der man gerne lauscht, ohne dabei durchweg auf Inhalte achten zu müssen. Was Sloterdijk über *seinen* Nietzsche schreibt, könnte durchaus auch auf ihn selbst gemünzt sein: »Was bei Nietzsche als ästhetische Weltanschauung auftaucht, ist in Wahrheit ein starkes psychagogisches Programm für eine Weltzeit post-klassizistischer Menschensteigerungsstrategien. Er reagiert auf die Notwendigkeit, unter der moderne Individuen sich befinden, den Horizont ihrer bisherigen Erziehung zu überschreiten. Nietzsches berüchtigtes Wort vom Übermenschen bedeutet in diesem Kontext nichts anderes als die Aufforderung, aus dem Halbfabrikat, das Mütter und Lehrer in die Welt entsenden, ein autoplastisch sich fortbildendes Ich-Kunstwerk zu schaffen. Aus diesem Programm folgt konsequent der Übergang vom Vorrang der Selbsterkenntnis zu dem der Selbstverwirklichung. [...] Nietzsches wichtigste Wirkung dürfte von seinem Talent ausgehen, heiligen Schriften in ernsten Parodien unvermutete entgegengesetzte Bedeutungen zu verleihen. Er hat alte Texte zu neuen Melodien gesungen, und zu alten Melodien neue Texte verfaßt. Sein parodistisches Genie hat alle überlieferten Gattungen der Rede in hohen und niederen Tönen gesprengt. Als Buffo-Religionsstifter hat er die Bergpredigt neu gehalten und die Tafeln von Sinai neu geschrieben; als Anti-Plato hat er der Seele, die ins Höhere hinaufsteigen will, irdische Macht- und Kraftleitern vorgezeichnet... Unerledigt und aktueller denn je bleibt der Habitus von Nietzsches Versuchen, den Geist der moralischen Gesetze dem gegenwärtigen Zeitalter entsprechend neu zu formulieren.«

Genau dies nämlich, der Versuch Nietzsches, sich mit seinem Denken, bestimmend und selbstbestimmend, zugleich einem Zeitalter einzuschmiegen, das er von Anfang an als machtbesessen, orientierungslos und zukunfts-überschreitend ansah, besorgt ihm seine nahezu zeitlose Aktualität, die für das Inland ebenso gilt wie für das Ausland. Nietzsches Ruhm ist heute weltweit organisiert; sein Wahrheits- und Erkenntnisfundus steht, gerade im

Zeitalter der allüberall vibrierenden Informations-
netze, zur globalen Plünderung bereit, die sich,
rückwirkend, zudem mit diversen nationalkultu-
rellen Akzentuierungen anreichern läßt. So ist denn
Nietzsche, beispielsweise, auch in den USA popu-
lär geworden; dort zeigt man sich beeindruckt vom
forcierten Individualismus und der Geheimnisträchtigkeit eines deutschen Denkers, der der Moderne
und Postmoderne manches Einführungsständchen
spielte und dabei schon – ein Kunststück! – für
ihren Abgesang zuständig wurde. – Der amerika-
nische Historiker Martin Jay, der an der Univer-
sity of California in Berkeley lehrt, schrieb dazu:
»Worin genau Nietzsches Vermächtnis in Amerika
oder anderswo bestehen könnte, läßt sich in ein-
deutigen Begriffen nicht beschreiben. Der Name
Nietzsche – als exemplarische Vita wie als Gedan-
kengebäude – steht für die vieldeutige Fruchtbar-
keit und Unentscheidbarkeit kultureller Bedeutungen überhaupt, für die Warnung vor dem Versuch,
etwas völlig eindeutig festzuhalten. [...] In einer
Ära, in der die parodistische, selbstironische Interpretation der Popkultur neue Gipfel ... des Zynis-
mus erreicht hat, erscheinen Nietzsches rhetorische
Unterminierung der traditionellen Wahrheitsan-
sprüche, seine Hervorhebung der Erscheinungen
und Masken gegenüber den Wesenheiten und seine

spielerischen stilistischen Experimente nicht länger als avantgardistische Markierungen. Sie sind vielmehr selbst zum Material der Kulturindustrie geworden.«

Ein Nietzsche aber, der ins kulturelle Establishment aufgerückt ist, ist nicht mehr der Nietzsche von einst. Er gleicht einem Berater, dessen Namen man kennt, ohne ihn deswegen andauernd konsultieren zu müssen: »Wenn Nietzsche in die Mauer zwischen Avantgarde und amerikanischer Populärkultur eine Bresche geschlagen hat, um in beiden zu einer Ikone zu werden, dann hat auch seine Rolle in der gegenwärtigen Theorie der Politik ... viele frühere Einschätzungen seines Vermächtnisses überwunden. Die Aufgabe, ihn seinen dubiosen Verbindungen mit dem Nazismus zu entwinden ..., ist weitgehend eine Erfolgsgeschichte, ebenso wie die Widerlegung des antisemitischen Makels. Doch während die Alternative Mitte der 8oer Jahre darin lag, ihn als kulturellen Denker über der Politik zu sehen ..., sind spätere Kommentatoren entschlossen, politische Lektionen aus ihm herauszulesen, wenngleich in indirekter ... Form ...«

Daß man um den politischen Nietzsche, der sich selbst für dezidiert unpolitisch hielt und darauf auch stolz war, nicht herumkommt, hat man in Frankreich begriffen. Dort, wo man Übung darin hat, Texte dekonstruktivistisch, also gegen den Strich gebürstet, zu lesen, was leider auch manchmal zu einer Art textsexueller Belästigung von wehrlosem Schriftgut führen kann, geht man davon aus, daß die Aneignung Nietzsches durch tumbe nationalsozialistische Verehrer kein Betriebsunfall war, sondern in den Tücken der Texte und der sich darauf stürzenden freien Interpretation liegt, die schon immer Raum für Mißverständnisse und bewußte Verfälschungen bot. – Der Philosoph Jacques Derrida, einer der Väter des französischen Dekonstruktivismus und ausgewiesener Nietzsche-Kenner, notierte dazu: »Die Aussagen Nietzsches sind nicht dieselben wie die der Naziideologen, und das nicht nur, weil die einen ganz grob und bis zur Äfferei die anderen karikieren ... Und doch ist diese Möglichkeit zur Verkehrung und mimetischen Perversion zu erklären. Verbietet man sich, aus der Unterscheidung von unbewußten und absichtlichen Programmen ... ein absolutes Kriterium zu machen, berücksichtigt man beim Lesen eines Textes nicht nur das – bewußte oder unbewußte – Meinen, dann muß die pervertierende Vereinfachung das Gesetz ihrer Möglichkeit in der Struktur des ›verbleibenden‹ Textes haben ... Selbst wenn das Meinen eines der Unterzeichner oder Aktionäre der großen und anonymen Nietzsche GmbH nichts bedeuten würde, kann es nicht zufällig sein, daß der Diskurs, der in der Gesellschaft und nach bürgerlichen und verlegerischen Normen seinen Namen trägt, den Naziideologen zur legitimierenden Referenz gedient hat; es gibt nichts absolut Kontingentes in der Tatsache, daß die einzige Politik, die ihn wirklich wie ein höchstes und offizielles Banner geschwenkt hat, die Nazi-Politik war … «

Friedrich Nietzsche befindet sich heute auf einem Podest, auf dem er zuvor nicht war. Der Kommunismus, in dem viele seiner Verächter Unterschlupf fanden, ist, schmählich zugrunde gerichtet worden, und der zwar siegreiche, aber erstaunlich ratlose Kapitalismus hat sich mit der sogenannten Postmoderne eine philosophische Spielwiese bereitet, auf der alles möglich erscheint. Für einen Mann wie Nietzsche besteht da Bedarf; von ihm lassen sich alle jene flüchtig-stolzen Wahrheiten des Lebens beziehen, die mit der Zerrissenheit, den Ängsten unserer Existenz zu tun haben, deren Wahn nichts anderes bedeutet als die ihr zugemutete Würde … Wir sind so, weil wir so sind – in diesem Kreisgang bewegt sich der Philosoph, der sein Denken nicht unnahbar machen kann, sondern von der Zumutung heftigster Inspirationen lebt: »Ein Philosoph nämlich: das ist ein Mensch, der beständig außerordentliche Dinge erlebt, sieht, hört, argwöhnt, hofft, träumt; der von seinen eignen Gedanken wie von außen her, … als von *seiner* Art Ereignissen und Blitzschlägen getroffen wird; der selbst vielleicht ein Gewitter ist, welches mit neuen Blitzen schwanger geht; ein verhängnisvoller Mensch, um den herum es immer grollt und brummt und klafft und unheimlich zugeht. Ein Philosoph: ach, ein Wesen, das oft vor sich davon läuft, oft vor sich Furcht hat, – aber zu neugierig ist, um nicht immer wieder zu sich zu kommen.«

Zeittafel

1844   Friedrich Nietzsche wird am 15. Oktober als erstes von drei Kindern des Pastors Carl Ludwig Nietzsche und dessen Ehefrau Franziska, geb. Oehler, in Röcken bei Lützen geboren.

1849   Am 30. Juli stirbt der Vater.

1850   Nachdem Friedrichs kleiner Bruder Ludwig Joseph kurz vor seinem zweiten Geburtstag stirbt, zieht die Mutter mit ihm (Fritzchen), seiner zwei Jahre jüngeren Schwester Elisabeth und der Großmutter Erdmuthe nach Naumburg.

1852   Eintritt in das Naumburger Domgymnasium.

1858   Im Oktober tritt er in das Gymnasium Schulpforta ein.

1862   Gemeinsam mit den Schulfreunden Wilhelm Pinder und Gustav Krug gründet Nietzsche die Zeitschrift *Germania*.

1864   Nietzsche beginnt das Studium der Theologie und der klassischen Philologie zunächst in Bonn. Er tritt der Burschenschaft Franconia bei und hört Vorlesungen bei Friedrich Ritschl.

1865   Nietzsche folgt seinem Philologie-Lehrer Ritschl nach Leipzig, um sein Studium fortzusetzen. Dort lernt er das Hauptwerk Arthur Schopenhauers *Die Welt als Wille und Vorstellung* kennen.

1868   Während seines Militärdienstes bei der Naumburger Artillerie verletzt er sich bei einem Reitunfall schwer; um die Schmerzen zu verdrängen, nimmt er Morphium. Am 8. November lernt Nietzsche Richard Wagner in

Leipzig kennen. Im Mai des darauffolgenden Jahres wird Nietzsche zum ersten Mal Wagner in Tribschen bei Luzern besuchen.

1869 Mit vierundzwanzig Jahren erhält Nietzsche einen Ruf als außerordentlicher Professor der klassischen Philologie nach Basel; seine Antrittsvorlesung, die er am 28. Mai hält, trägt den Titel *Homer und die klassische Philologie.* Im selben Jahr beginnt er die Arbeit an der *Geburt der Tragödie.*

1870 Nietzsche wird ordentlicher Professor. Von August bis Oktober nimmt er als freiwilliger Krankenpfleger am Deutsch-Französischen Krieg teil; er erkrankt jedoch schwer, wodurch er zur Rückkehr nach Basel gezwungen wird. Zwischen dem Theologen Franz Overbeck und Nietzsche beginnt eine Freundschaft, die bis zu Nietzsches Tod andauern wird.

1871 Aufgrund des sich verschlechternden Gesundheitszustands wird der Professor ab dem 15. Februar beurlaubt. Es folgen wechselnde Aufenthalte in Lugano, Tribschen, Naumburg, Basel, Leipzig und Gimmelwald.

1872 Anfang des Jahres erscheint *Die Geburt der Tragödie aus dem Geiste der Musik.* Er hält Basler Vorträge *Über die Zukunft unserer Bildungsanstalten,* welche erst im Nachlaß veröffentlicht werden.

1873 Trotz Augenproblemen und migräneartigen Anfällen stellt Nietzsche *Unzeitgemäße Betrachtungen. Erstes Stück: David Strauss, der Bekenner und der Schriftsteller* fertig. Zudem entsteht in diesem Jahr das Fragment *Philosophie im tragischen Zeitalter der Griechen,* das erst mit dem Nachlaß veröffentlicht wird.

1874 *Unzeitgemäße Betrachtungen. Zweites Stück: Vom Nutzen und Nachteil der Historie für das Leben* und *Drittes Stück: Schopenhauer als Erzieher* folgen.

1875 Es kommt zur ersten Begegnung mit dem Komponisten Heinrich Köselitz (Peter Gast).

1876 Nach Abschluß der Arbeit an *Unzeitgemäße Betrach-*

134

tungen. Viertes Stück: Richard Wagner in Bayreuth reist Nietzsche nach Bayreuth, um an den ersten Festspielen teilzunehmen. Sein Gesundheitszustand verschlechtert sich zunehmend; im Oktober wird Nietzsche schließlich beurlaubt. Nach einer Reise mit dem Psychologen Paul Rée, die dieser »Flitterwochen unserer Freundschaft« nennt, begegnen sich Wagner und Nietzsche in Sorrent zum letzten Mal.

1878 *Menschliches Allzumenschliches. Erster Teil* wird fertiggestellt. Die letzte Sendung Wagners an Nietzsche, die den *Parsifal* enthält, erfolgt am 3.Januar; im Mai übersendet Nietzsche diesem *Menschliches Allzumenschliches*. Der Bruch der beiden ist besiegelt.

1879 Nietzsche gibt aufgrund seiner Erkrankung die Lehrtätigkeit in Basel auf.

1880 Nietzsche beendet die Arbeit an *Der Wanderer und sein Schatten. Menschliches Allzumenschliches. Zweiter Teil* und hält sich in der Folgezeit in Venedig und Genua auf, wo er auch den Winter verbringt.

1881 *Morgenröthe* entsteht. Er verbringt seinen ersten Sommer in Sils-Maria. Am Silvaplana erlebt er die Vision der ›Ewigen Wiederkunft des Gleichen‹.

1882 *Die fröhliche Wissenschaft* wird veröffentlicht. Im Frühjahr lernt er Lou Salomé kennen, der er in den folgenden Monaten mehrere Heiratsanträge stellt – erfolglos. Den darauffolgenden Winter verbringt er in Rapallo.

1883 In Rapallo verfaßt er *Also sprach Zarathustra. Erster und zweiter Teil.* Am 13.Februar stirbt Richard Wagner, zu dem Nietzsche zu dieser Zeit keinen Kontakt mehr hat, in Venedig. Die Wintermonate verbringt Nietzsche in Nizza.

1884 In Nizza entsteht *Also sprach Zarathustra. Dritter Teil.*

1885 *Also sprach Zarathustra. Vierter Teil* wird in den Wintermonaten in Mentone und Nizza fertiggestellt.

1886 Die Schrift *Jenseits von Gut und Böse*, an der er die vorangegangenen zwei Jahre gearbeitet hat, erscheint.

1887 *Zur Genealogie der Moral* erscheint. Im November schreibt Nietzsche den letzten Brief an seinen langjährigen Freund Erwin Rohde.

1888 An der Universität Kopenhagen hält Georg Brandes eine Vorlesung über Nietzsche, in der dieser als Philosoph betrachtet wird. Nietzsche stellt einige Werke fertig: *Der Fall Wagner, Dionysos-Dithyramben* (veröffentlicht 1891), *Der Antichrist. Versuch einer Kritik des Christentums* (veröffentlicht 1894), *Götzendämmerung* (veröffentlicht 1889), *Ecce Homo* (veröffentlicht 1908), *Nietzsche contra Wagner. Aktenstücke eines Psychologen* (veröffentlicht 1895).

1889 In den Januartagen erfolgt ein geistiger Zusammenbruch Nietzsches in Turin: Der Philosoph fällt in einen geistigen Dämmerzustand. Sein Freund Franz Overbeck überführt ihn in die Psychiatrie nach Basel, anschließend nach Jena. Die Diagnose lautet: progressive Paralyse als Spätfolge einer Syphilisinfektion.

1890 Frau Nietzsche holt ihren Sohn zu sich nach Naumburg. Friedrichs Schwester Elisabeth Förster-Nietzsche kehrt bankrott aus Paraguay zurück, wo ihr Mann Bernhard Förster die Kolonie »Nueva Germania« gegründet hatte. Diese scheitert finanziell. Bernhard Förster wählt den Freitod.

1894 Elisabeth gründet das Nietzsche-Archiv in Naumburg.

1897 Nietzsches Mutter stirbt. Friedrich wird nach Weimar in die sogenannte Villa Silberblick gebracht, in der die Schwester das neue Nietzsche-Archiv einrichtet. Es wird zur Anlaufstelle für Nietzsche-Freunde – der Kranke zum lebenden Ausstellungsstück. Unter den Besuchern befindet sich unter anderen Rudolf Steiner, der sogar kurze Zeit Mitarbeiter des Archivs wird.

1900 Am 25. August stirbt Nietzsche im Alter von 56 Jahren in Weimar. Gegen seinen Willen wird er in Röcken beerdigt.

1902 *Der Wille zur Macht*, eine Kompilation von nachge-
lassenen Fragmenten, erscheint posthum. Dieses sogenannte Hauptwerk ist eine Fälschung der Schwester.
1908 *Ecce Homo* erscheint ebenfalls nach den Vorstellungen
seiner Schwester.

Personenregister

Aischylos 19
Andreas-Salomé, Lou 76ff.
Augustinus 27

Bettmann, Leopold 95
Binswanger, Otto 97, 99
Bismarck, Wilhelm 93
Bloch, Ernst 118
Bülow, Hans von 36, 39
Burckhardt, Jacob 92f.

Derrida, Jacques 130f.
Deussen, Paul 17f., 20, 22,
  68, 83ff., 88, 103

Eckermann, Johann Peter
  71

Fino, Davide 93f.
Förster, Bernhard 104
Förster-Nietzsche, Elisa-
  beth (gen. Lieschen)
  13, 20, 23, 48, 57, 63, 70,
  73, 77, 80, 82, 104ff., 110ff.,
  120
Freytag, Alwine 102, 106
Friedrich Wilhelm IV. 11f.

Gast, Peter (s. Köselitz,
  Heinrich)
Gersdorff, Carl von 26, 38,
  43, 54, 56f., 61, 68
Goethe, Johann Wolfgang
  von 41, 71, 82, 117, 120

Harich, Wolfgang 118ff.
Hegel, Georg Wilhelm
  Friedrich 9
Heidegger, Martin 9, 122
Herder, Johann Gottfried
  von 120
Hitler, Adolf 112
Hölderlin, Johann Christian
  Friedrich 19
Homer 34

Jahn, Otto 25
Jay, Martin 128f.
Jean Paul (eigentl. Johann
  Paul Friedrich Richter) 19

Kant, Immanuel 9
Köselitz, Heinrich (= Pseud-
  onym von Peter Gast) 68,
  70f., 74

Krug, Gustav 14f., 17

Langbehn, Julius 100
Luther, Martin 82

Mann, Thomas 115f.
Mendelssohn Bartholdy,
  Jakob Ludwig Felix 15
Meysenbug, Malwida von
  68, 76
Miescher, Johann Friedrich
  95
Mushacke, Hermann 26
Mussolini, Benito 112

Nielsen, Rosalie 51f.
Nietzsche, Auguste 12
Nietzsche, Carl Ludwig
  11ff., 26, 96
Nietzsche, Elisabeth
  (s. Förster-Nietzsche,
  Elisabeth)
Nietzsche, Erdmuthe 14f.
Nietzsche, Franziska
  (geb. Oehler) 11f., 20, 23,
  63, 70, 72, 96f., 99ff.
Nietzsche, Friedrich August
  Ludwig 11
Nietzsche, Ludwig Joseph
  13
Nietzsche, Rosalie 12

Overbeck, Franz 51, 54, 68,
  93ff., 101ff.

Pinder, Wilhelm 14f., 17

Platon 19, 127

Rée, Paul 76ff.
Ritschl, Friedrich Wilhelm
  25, 32f., 40
Rohde, Erwin 26, 29, 31, 35,
  43f., 54f., 58, 68, 82

Safranski, Rüdiger 123f.
Schiller, Friedrich von
  120
Schopenhauer, Arthur
  27ff., 30ff., 36, 38, 43
Siebert, Eva 116
Sloterdijk, Peter 124ff.
Sokrates 41, 43
Sophokles 19
Steiner, Rudolf 106f.
Stifter, Adalbert 70

Tittel (Pfleger) 102
Trampedach, Mathilde
  61f.

Wagner, Cosima (geb. Liszt)
  36f., 39, 43, 47f., 54, 60
Wagner, Richard 28f., 30,
  35ff., 43f., 47f., 52ff., 59ff.,
  67, 85
Wiel, Josef 55
Wieland, Christoph Martin
  120
Wilamowitz-Moellendorff,
  Ulrich von 43f.

Ziehen, Theodor 97f.

Friedrich Nietzsche
im Diogenes Verlag

»Der Geist braucht von Zeit zu Zeit einen dämonischen Menschen, dessen Übergewalt sich auflehnt gegen die Gemeinschaft des Denkens und die Monotonie der Moral... Tritt man in Nietzsches Bücher, so fühlt man elementarische, von aller Dumpfheit, Vernebelung und Schwüle entschwängerte Luft: man sieht frei in dieser heroischen Landschaft bis in alle Himmel hinauf und atmet eine einzig durchsichtige messerscharfe Luft, eine Luft für starke Herzen und freie Geister.«
Stefan Zweig

»Nietzsche ist, was sich immer deutlicher zeigt, der weitreichende Gigant der nachgoetheschen Epoche und seit Luther das größte deutsche Sprachgenie.«
Gottfried Benn

Gedichte
Ausgewählt von
Anton Friedrich. Mit einer Rede von
Thomas Mann

Denken mit Friedrich Nietzsche
Ausgewählt, herausgegeben
und mit einem Vorwort
von Wolfgang Kraus (vormals: *Brevier*)

Außerdem erschienen:

Walter Nigg
Friedrich Nietzsche
Mit einem Nachwort von Max Schoch

Otto A. Böhmer
im Diogenes Verlag

Johann Wolfgang Goethe
Sein Leben erzählt von Otto A. Böhmer

Er gilt als Deutschlands größter Dichter: Johann Wolfgang Goethe. Es ist unglaublich viel über ihn geschrieben worden, und je mehr man über ihn geschrieben hat, desto mehr hat sich der Mensch, um den es dabei geht, seinen Bewunderern und Kritikern entzogen. Es scheint, als ob er bis auf den heutigen Tag eine Rolle spielen wollte, die er auch in seinem Leben gerne gegeben hat: sich zu wandeln, zu häuten, unkenntlich zu werden.

In diesem Buch wird das Genie von seinen verschiedenen Seiten gezeigt. Kurz, prägnant und doch reich an Fakten, Zitaten und Anekdoten – Otto A. Böhmer faßt auf unterhaltsame Weise das Wesentliche dieses langen, produktiven Lebens zusammen.

»Ein unverwechselbarer Tonfall. Böhmer schreibt äußerst einfühlsam, kenntnisreich und unterhaltend.«
Carlos Kleiber

Friedrich Schiller
Sein Leben erzählt von Otto A. Böhmer

Fragt man nach den bekanntesten deutschen Dichtern, dann nennt man ihn gleich nach Goethe; daß Schiller in der deutschen Literaturgeschichte so weit nach vorn kam, war indes lange nicht abzusehen. Anders als Goethe, der sich auf sein Glück verlassen konnte, mußte es Schiller zunächst so vorkommen, als werde er vom Schicksal stiefmütterlich behandelt.
Wie Schiller gegen sein Los aufbegehrt und entgegen allen Schwierigkeiten doch zu Weltruhm kommt, das erzählt Otto A. Böhmer kenntnisreich und unterhaltsam, anhand vieler Fakten, Zitate und Anekdoten.

»Kein Deutscher ist wie er so ganz Bewegung. Seine Gedanken jagt er zu einem Ziel, seine Betrachtung zu einem Äußersten, Höchsten, seine Gestalten zu einem großen Entschluß, einem großen Abenteuer oder einem großen Untergang. Sein Leben und sein Tod gleicht dem des Fackelläufers, der in sich verzehrt, aber mit brennendem Licht ans Ziel kam, sterbend hinstürzte und so stürzend, so sterbend ein ewiges Sinnbild blieb. Etwas treibt die Deutschen immer wieder zu ihm zurück…« *Hugo von Hofmannsthal*

»Schiller wächst, indem man sich mit ihm beschäftigt, vom Fernen ins Nahe.« *Friedrich Dürrenmatt*

»Freiheit, Frauen, Freundschaft: Friedrich Schiller steht der Gegenwart näher, als viele glauben.« *Volker Hage / Der Spiegel, Hamburg*

Heinrich Heine
Sein Leben erzählt von Otto A. Böhmer

»Unter den deutschen Dichtern, von denen er einer der bekanntesten und besten war, gehört Heinrich Heine zu den Stilisten. Einige seiner Gedichtzeilen haben sich dem allgemeinen Gedächtnis eingeprägt und sind von dort nicht mehr wegzudenken: ›Denk' ich an Deutschland in der Nacht‹, ›Ich weiß nicht, was soll es bedeuten‹ oder ›Du bist wie eine Blume‹. Mit seinem Witz, seinem Sarkasmus, mit der Lust, sich auch an Gegnern zu reiben, von denen er wußte, daß sie ihm nicht gewachsen waren, machte er sich nicht nur Freunde: ›Ich gestehe, ich habe manchen gekratzt, manchen gebissen, und war kein Lamm. Aber glaubt mir, jene gepriesenen Lämmer der Sanftmut würden sich minder frömmig gebärden, besäßen sie die Zähne und die Tatzen des Tigers.‹ Der Dichter Heinrich Heine war ein Künstler der Kritik, die er in Poesie umsetzte.« *Otto A. Böhmer*

Friedrich Nietzsche

Sein Leben erzählt von Otto A. Böhmer

»Friedrich Nietzsche hat der Philosophie eine Faszination verliehen, die sie bis dahin nicht hatte. Das liegt vor allem daran, daß Nietzsche mindestens so sehr Dichter wie Philosoph war. Nietzsches Leben gleicht einer äußeren Leidensgeschichte: Er begann als Junggenie, wurde schon mit 24 Professor für klassische Philologie in Basel und mußte dann aus Krankheitsgründen frühpensioniert werden. Seine Krankheit, die schließlich in den Wahnsinn führte (über beides, Krankheit und Wahnsinn, streiten sich die Fachleute noch heute), wurde er nicht mehr los. Nach seiner vorzeitigen Pensionierung führte Nietzsche ein unstetes Reiseleben, in dem euphorisch-hellsichtige Phasen mit tiefen Depressionen abwechselten. Nietzsches Denken vollzieht sich auf einem selbstgewählten Höhenweg, der schließlich nur noch an Abgründen vorbeiführt. Im privaten Umgang blieb er stets ein liebenswürdig-bescheidener, zurückhaltender, ja oft schüchterner Mensch.«   *Otto A. Böhmer*

»Böhmers Biographien über Dichter und Denker sind kenntnisreich und unterhaltsam.«
Stephan Reinhardt / Frankfurter Rundschau